dtv

sm – das steht hier nicht für Sado-Maso, Seemeilen sind gemeint, und wenn sich die Freizeitsegler zum jährlichen Ecker-Cup aufmachen, müssen es über 1000 sein. Es bleibt kaum Zeit zum Nachdenken, nur Instinkt und Erfahrung zählen, wenn das Meer tobt, die Wellen brechen, die Gischt waagrecht und meterhoch über die Wasseroberfläche zischt, deren marmorne Struktur Orkanstärke verrät. Segeln, das ist für Karl Forster eine – wenn nicht die – phantastische Errungenschaft menschlicher Intelligenz: Herrschen über die Elemente, Dienstbarmachung des Windes. Er erzählt von blonden Heldenskippern, Regattarächern, segelnden Aussteigern, Hundewachen und perfekt gemixten Anlege-Drinks.

Karl Forster, geboren 1950 in Vilsbiburg, arbeitet als Kulturredakteur bei der ›Süddeutschen Zeitung‹ in München. Mit 16 fing er aufgrund von zu intensivem Genuß besten Johannisbeerweins an zu segeln. Seit über 25 Jahren ist er nun als Skipper oder zum reinen Privatvergnügen in der griechischen Inselwelt unterwegs, mit Abstechern zu Reggae und Rum in die Karibik. Für eine Swan würde er (fast) alles geben. Am Starnberger See liegt seine 806er Yacht «Triangel», die er mit Bruder und Freund teilt.

Karl Forster

Segeln

Kleine Philosophie der Passionen

Dir, liebe Annette,

Zum 3. März 2010 mit vielen guten

Wünschen für das neue Lebensjahr von

Gitta und
Wolfgang

Deutscher Taschenbuch Verlag

Für jene, die da sagte: »Also, Herzblatt, ich kann mir nicht vorstellen, daß das irgend jemanden interessiert.«

Originalausgabe
Mai 1997
4. Auflage November 1999
© Deutscher Taschenbuch Verlag GmbH & Co. KG, München
Umschlagkonzept: Balk & Brumshagen
Umschlagbild: Alfons Holtgreve
Satz: Design-Typo-Print GmbH, Ismaning
Gesetzt aus der Bodoni Book 12/15 Punkt (QuarkXPress 3.32 Mac)
Druck und Bindung: C. H. Beck'sche Buchdruckerei, Nördlingen
Gedruckt auf säurefreiem, chlorfrei gebleichtem Papier
Printed in Germany · ISBN 3-423-20038

Inhalt

Leinen los! 7

Auf Hundewache 10

Johannisbeerwein mit Folgen oder:
Wie ich lernte, den Wind zu lieben 15

Der alte Mann und ein bißchen mehr 22

Von dicken Schiffen, schlanken
Jollen und dem Beginn einer wunderbaren
Freundschaft 30

Weißbier oder: Wie ich lernte,
Motorboote zu hassen 35

Rundherum, das ist nicht schwer 39

Reggae und Rum 44

Laß fallen Anker 51

Die Lust und Kunst, ein bißchen
schneller zu sein als der Rest 61

Auf der Flucht vor dem Rächer 70

Angst plus Angst macht noch
mehr Angst 79

Ciao, Peter – Gedanken an einen
guten Freund 83

Excuse me, Sir, is it a Swan? 88

Regatta mit tödlichem Ausgang 93

Segeln wie bei Millionärs:
Auf einem Traumschiff durch die Karibik 99

Ankommen ist alles 107
Frauen an Bord –
damit das Segeln schöner wird 113
Einmal Alcatraz und zurück 119
Lust am Wahnsinn:
Rennen rund um den Globus 124
Beethoven an Bord 132
Paul 135
Jacques und die Freiheit 139

Leinen los!

Man stelle sich ein gepflegtes Abendessen vor, in dezenter, angenehmer Umgebung, leise Musik im Hintergrund und nette Menschen am runden Tisch. Zeit fürs Dessert. Wie wär's mit karamelisierten Birnenscheiben an Sanddorn? Und dann sagt einer aus der Runde: »Kinder, Ihr könnt Euch das nicht vorstellen. Ein guter fünfer Wind raumschots, der Spi stand wie eine Eins, das Groß war flachgezogen wie eine Flunder, und die Kiste kam ins Gleiten, flippte über zehn Knoten, die Wanten surrten, die Schoten knackten in den Winschen und Du mußtest verdammt aufpassen, daß Dir der Kahn nicht aus dem Ruder läuft.« Alles klar? Nichts ist klar. Jeder kaut verlegen an den Birnenscheiben, lutscht ein bißchen Sanddorn vom Löffel und denkt, daß der Kerl wohl verrückt geworden ist.

Und alle, alle haben recht damit. Der Kerl ist verrückt, verrückt nach einem Leben, das so anders ist. Aber wie soll ich das erklären. Wie soll ich einem guten Freund, und andere interessieren mich wirklich nicht, wie also soll ich einem guten Freund erklären, wie es mir geht, wenn ich am Ruder der »Aeolos« stehe und weiß, daß ich das kann. Daß ich Herr bin über Wind und Wellen und zugleich deren Sklave. Daß ich, weil ich's eben gelernt habe, segeln kann. Nicht so gut vielleicht wie Lord Chichester, der erste Mensch, der um die Welt gesegelt ist und nur einmal angehalten hat. Aber so gut immerhin, daß ich die »Aeolos« und ein paar andere durchaus brauchbare Boote durchs Mittelmeer oder die Karibik gebracht habe, ohne nennenswerten Schaden anzurichten.

Doch wie soll man diese Freude Menschen mitteilen, die nicht wissen, warum es wichtig ist, daß von zwei Windstärken an der Unterliekstrecker gut durchgesetzt sein sollte? Für die dieses Vokabular der Segler so rätselhaft und verworren ist wie für einen Freund der alten Remington SL 3 die Sprache der Computerfreaks. Bücher und Geschichten übers Segeln, sie sind meist nur für Leser geschrieben, die selbst an der Pinne oder am Ruder stehen.

Ich habe versucht, dem abzuhelfen. Habe meinen Kopf nach Geschichten durchstöbert, die vielleicht dazu taugen, auch jenen Lesern erzählt zu werden, die mit diesem verdammten Unterliekstrecker (noch) nichts anzufangen wissen. Die aber neugierig sind auf ein anderes Leben, auf ein Leben weit weg von hier.

Es sind Geschichten, die so oder fast so, in 30 Jahren auf dem Wasser stattgefunden haben. Und die Sie, verehrter Leser, dazu verführen sollten zu träumen. Von der Weite des Meeres; von der oft beklemmenden Enge auf dem Boot; von der Kunst, den Wind zu nutzen; von der Demut gegenüber den Elementen, deren Kraft so ungeheuerlich ist, daß jeder, der den Respekt davor verliert, scheitern wird. Blättern Sie doch einfach ein bißchen herum, fangen Sie irgendwo an. Es ist eine Reise in eine für Sie vielleicht fremde Welt.

Es werden sich in diesem Buch einige Dinge wiederholen. Namen von Schiffen, Namen von Häfen, Namen von Menschen. Das kommt daher, daß ich gerne dorthin fahre, wo es mir schon einmal gefallen hat. Es kommt vielleicht auch daher, daß ich jener »Ägäis-Poesie« verfallen bin, von der Jannis Ritsos in seinem großartig-traurigen Gedicht »ABC« erzählt. Wer jemals vor Makronisos gelegen ist und bei Mondschein laut »ABC« gelesen hat, wird das verstehen. Und er wird dieses schöne, so kaputte Land verstehen. Und möglicherweise auch mich. Nur ein bißchen.

Wer segeln will, dem ist es vollkommen egal, ob er nun in Athen auf ein Schiff steigt oder in San Francisco, ob er auf einer Nicholson 44 fährt, auf einer 70-Fuß-Swan oder einer kleinen Jolle. Die Gesetze des Windes, sie sind für alle gleich.

September 1996, Spartakhori auf Meganisi, Position 38 Grad 39,5 Minuten Nord/20 Grad 47 Minuten Ost.

Karl Forster.

PS: Jetzt fängt es auch noch an zu regnen. Zeit, den Wein vom Tisch zu räumen.

Auf Hundewache

»Kurs liegt an.« Ein häßlicher Moment. Es ist 2 Uhr morgens, die Nacht hat keine drei Stunden gedauert, weil wir wieder nicht in die Kojen gekommen sind. Und jetzt bin also ich dran. Es sind immer die ersten fünf bis zehn Minuten, in denen man heftig darüber nachdenkt, warum man sich das antut. Warum man auf einer 13-Meter-Yacht nächtens durch das Mittelmeer eiert, nur um irgendwann in irgendeinem Kapheneion einen »Metrios« zu trinken, diesen halbsüßen, heißen, starken, kleinen griechischen Kaffee, den die Türken natürlich einen türkischen nennen.

Kurs liegt also an. Irgendwas um die 90 Grad, Ost also, noch über 100 Meilen nach Rhodos. Nun, die ersten Minuten sind vorbei. Das Auge hat sich an die Dunkelheit gewöhnt. Der Körper bewegt sich im Rhythmus des Schiffes. Man beginnt wieder, eins zu werden mit dem Meer, das uns seinen Willen aufzwingt. Und es wird dabei kräftig unterstützt vom Wind. Wenn die beiden nicht wollen, dann kann kein Mensch dagegen an. Wobei es, und das könnte mit ein Grund sein, warum man sich so etwas immer wieder antut, durchaus Möglichkeiten gibt, Meer und Wind ein bißchen auszutricksen. Man nennt das Segeln.

Kurs liegt an. Die »Marina« liegt wunderbar im Wasser. Ein bißchen zuviel Segelfläche vielleicht. Aber dieses

Schiff wurde schließlich in England gebaut. Und Schiffe von der Insel halten schon was aus.

Kurs Ost. Wind aus Nord. Drei bis vier Beaufort, also etwa 15 Knoten. Das läßt die Marina mit etwa sieben Knoten über die Wellen tanzen. Wobei das Wort »tanzen« für eine 44-Fuß-Nicholson ein bißchen übertrieben ist. Naja, ein gemütlicher langsamer Walzer vielleicht.

Auf dem Meer ist es, außer wenn es regnet, nie wirklich dunkel. Wir haben Neumond, also keinen Mondschein. Trotzdem sieht man die Kämme der Wellen, wie sie anrollen, manchmal kurz vor dem Schiff noch brechen und einen kleinen Spritzer als Gruß an die Nachtwache schicken. »Hallo, Du da oben, hier wird nicht geschlafen!« Backbord voraus blinkt ein Leuchtfeuer, vielleicht schon das von Sikinos, auf der anderen Seite grüßt der Schatten von Santurin mit dem Feuer auf Kap Epanomeria. Die Gedanken schweifen hinüber in den Hafen von Ios, das ein paar Meilen voraus liegt. Ios, wo wir vor einigen Jahren drei Tage festgelegen hatten. Kein Diesel. Auf der ganzen verdammten Insel nicht. Und dieses aufgeblasene Arschloch von Hafenkapitän lotste uns exakt dorthin, wo der Abwasserkanal der Chora ins Hafenbecken fließt. Ios? Nie wieder.

Jetzt bläst es aber ziemlich heftig. Die »Marina«, gutmütig wie eine alte Tante, legt sich kräftig nach Lee. Der rechte Arm schmerzt schon etwas, weil das Boot in den Wind schießen will, was es aber nicht soll. Segeln kann anstrengend sein. Aber das war nur eine Böe, schon liegt sie wieder ruhiger, und bald werden wir ablandig von Pholigandros sein, im Wellenschatten dieser wilden Kykladeninsel. Und dann werden auch keine Grüße mehr vom Meer ins Gesicht geklatscht. Ist das klar, Freund Poseidon?

Peter, ein Freund aus frühen Segeltagen, hört bei der Nachtwache immer Musik mit dem Kopfhörer. Pink Floyd, oder sonst was Leichtes. Nichts gegen Pink Floyd, aber man versäumt ein bißchen viel andere Musik. Das Knarzen des Holzes, das Sirren der Wanten, das leise Knacken der Schoten, wenn der Winddruck plötzlich zunimmt. Von draußen kommt die Musik des Meeres, gespielt auf den Kämmen der Wellen, und wenn, wie gerade jetzt, wieder eine Böe in die Segel jault, wenn das Schiff anfängt zu gleiten, den Rumpf aus dem Wasser zu heben, dann scheint es vor Begeisterung zu vibrieren. Mit Pink Floyd im Ohr hört man das nicht.

Kurs liegt an. Wie lange noch. Soll ich schon auf die Uhr schauen? Es könnte mir gehen wie dem legendären Kritiker Friedrich Luft bei einem Beethoven-Konzert damals in Berlin. »Das Konzert begann um acht Uhr«, schrieb er in der ›Neuen Zeitung‹, »als ich nach zwei Stunden auf die Uhr schaute, war es halb neun.«

Ach, Pholigandros. Ob Joannis noch lebt, der alte Metzger oben auf der Chora? Joannis mit den blitzend weißen Zähnen, die Augen voller Schalk und Großmut, die Hände noch blutig vom Schächten eines Lamms. Mit dabei war Peppi, der Wirt vom Fraunhofer, einer legendären Studentenkneipe in Münchens Innenstadt. Peppi ist der einzige Mensch, der sich in jeder Sprache verständigen kann – auf

Bayerisch. Sein Gesicht sagt immer, was er meint. Peppi fragte Joannis nach gutem Rindfleisch zum Grillen. Das heißt, er deutete auf eine Kuh an der Wand, und dort aufs Filet. Denn Peppi ist nicht nur Wirt, sondern eben auch Metzger. Joannis ging wortlos an die übermannshohe Kühlbox, öffnete die Tür und holte ein riesiges Stück Fleisch vom Haken. »Ochi fileto«, bedeutete er, also: kein Filet. Aber »super prima«. Und er nahm das riesige Messer und einen ebenso riesen Schärfstab und begann, die Klinge zu wetzen, so schnell, daß das Auge kaum folgen konnte. Da lachte Peppi sein »Darf ich das auch mal versuchen«-Lachen. Joannis verstand und gab ihm beides. Und Peppi wetzte das Messer, daß es eine Art war. Da lachte nun der alte Joannis, nahm Peppi in die Arme, küßte ihn auf die Wange und sagte: »Phili mou.« Das heißt: mein Freund. Ob Joannis noch lebt?

Kurs liegt an. Na ja, nicht ganz, ein bißchen zu weit nach Norden gehalten. Pholigandros zieht einen an. Noch keinen Schimmer im Osten, der nicht nur Sonne verriete, sondern auch das Ende der Wache. Ein Bier? Nicht im Job. Ein Wasser? Na, ob das jetzt sein muß? Ein Blick auf die Uhr? Okay. Zwölf Minuten nach fünf, wie lange noch? Zwölf minus 60 und noch zwei Stunden. Warum tut man sich das an?

Dort, über der vorderen Reelingstütze, ein rotes Licht. War da nicht auch ein grüner Schimmer? Rot und Grün, das bedeutet Kollisionskurs! Fernglas raus. Endlich rührt sich was. Könnte auch ein Segelboot sein. Zart reflektiert das Sternenlicht am weißen Tuch. Kommt schnell näher, der

Bursche. Aber das paßt schon. Ob der auch an Joannis denkt? Jeder hat solche Freunde hier, jeder, der sich das antut und immer wieder durch die Ägäis schippert. Nach ein paar Minuten nur begegnen sich die beiden Schiffe. Kaum dreihundert Meter voneinander entfernt. Und doch ewig weit weg. Durchs Glas sieht man nur die Silhouette des Rudergängers. Natürlich winke ich. Ob er auch winkt? Ewiges Rätsel einer Nachtfahrt.

Es könnte dort, über den Bug gepeilt, sich der Himmel vom Wasser zu unterscheiden beginnen. Es könnten diese seltsamen Gebilde dort vorne ein paar Wolken sein. Es könnte Tag werden. Wieder also ein Blick auf die Uhr. Es ist noch ein bißchen früh. Wir haben Herbst. Doch tatsächlich: Da ist die Kimm, das Ende des Horizonts. Nun wird alles leichter, die Wellen scheinen langsamer zu rollen, die weißen Kämme blitzen nicht mehr so gefährlich. Noch ein kleiner Spritzer Salzwasser, als sagte die Nacht guten Morgen. Hoffentlich wacht jetzt keiner von den anderen drunten im Schiff auf. Ich möchte allein sein. Kann man den Moment nicht ein bißchen anhalten? So wie mit dem Videorecorder. Doch schon lecken die ersten Strahlen der Sonne über den Himmel und rauf zu den Zirren dort oben. Bald wird sich die Sonne über die Kimm schieben. Bald wird die Nachtwache vorbei sein. Bald wird wieder Leben sein auf dem Schiff, das für vier Stunden mir gehört hat. Mir ganz alleine. Und damit die ganze, wunderbare Welt.

Johannisbeerwein mit Folgen
oder: Wie ich lernte,
den Wind zu lieben

Tom war wirklich total bescheuert. Nur weil sein Vater immer recht hatte, wenn's ums Maritime ging, verweigerte er den Schritt auf das familieneigene kleine Segelboot. Wenn Tom gewußt hätte, was ihm entging! Doch der Knabe war nun mal stur, so stur wie nur Niederbayern sein können.

Eines Abends saßen wir mal wieder bei Tom, angeblich einer drohenden Lateinschulaufgabe wegen, eigentlich aber eher wegen des hervorragenden Johannisbeerweins, den Toms Mutter angesetzt hatte, und den man, wenn die Alten nicht da waren, aus dem Keller klauen konnte. Doch an diesem Abend kam es leider nicht dazu, daß sich die vier etwa sechzehnjährigen Schüler des Carossa-Gymnasiums hemmungslos mit Johannisbeerwein betranken, weil kurz vor zehn Uhr plötzlich Toms Vater ins Zimmer rauschte. Sein Schafkopfabend war wegen eines Todesfalls frühzeitig beendet worden. Der vierte Mann am Tisch war der auch fürs Sterben in der Gemeinde zuständige Pfarrer.

Da stand er also, Toms Vater, zornesrot angesichts der gerade geöffneten Flasche seines Lieblingsgetränks. Erwischt! Saubande, verfluchte! Doch nun trat eine Tugend dieses Mannes, er war an die 50 Jahre alt und von Beruf

Baggerführer, es trat also eine Tugend an den Tag, die ich später noch schätzen lernen sollte: Anstatt seinen Sohn mit einer niederbayerischen Bockfotzn – vulgo Watschn, hochdeutsch Ohrfeige, norddeutsch Backpfeife – zu bestrafen und uns dreien das Haus zu verbieten, sollten wir ihm als Wiedergutmachung am nächsten Wochenende helfen, seine Jolle segelfertig zu machen. Dieser Mann, das ist mir heute klar, war ein pädagogisches Naturtalent.

Autobahnausfahrt Seebruck am südöstlichen Ufer des Chiemsees. Vier junge Burschen und ein älterer Herr stiegen aus dem Ford Taunus und schleppten schwitzend schwere Leinentaschen in den Hafen. Emsiges Treiben überall. Grüße, Zurufe, klappernde Falle, flatternde Segel, eine fremde, schöne, aufregende neue Welt. Doch mein Freund Tom war schon auf der Fahrt hierher immer ruhiger und mürrischer geworden. Je mehr die Augen seines Vaters leuchteten, desto dunkler wurden die von Tom. Keiner von uns hatte bis dahin ein Buch von Sigmund Freud gelesen, keiner wußte irgendwas über Vater-Sohn-Konflikte. Klar war nur: Hier stimmt was nicht.

Da vorne lag »Idefix«. Eingehüllt in eine schmutzig blaue Persenning, unscheinbar, ein bißchen heruntergekommen. Den ganzen Tag über wurde nun gewienert und geputzt und der Rumpf mit Bohnerwachs eingelassen, »damit es besser läuft«, wie Toms Vater sagte. All die Leinen, Schäkel, Wantenspanner, all das war sehr verwirrend. Doch all das, so verstand ich bald, hatte seinen Sinn.

Später Nachmittag. »Idefix« strahlte wie sein Namensvetter angesichts eines Wildschweinknochens. Tom und die anderen beiden wollten schwimmen gehen. Toms Vater schaute ein bißchen traurig, draußen auf dem Wasser wehte eine hübsche Abendbrise. »Na? Was ist?« Ich nickte, die plötzlich feucht gewordenen Hände etwas erschrocken in die Hosentaschen steckend. Die nächsten zwei Stunden sollten mein Leben entscheidend prägen.

Toms Vater sagte: »Du mußt nur tun, was ich sage. Aber du mußt es tun.« Selbstverständlich. Ay ay, Sir. Wir schoben »Idefix« über eine Plastikrolle ins Wasser, stiegen ein und pullten mit zwei kleinen Paddeln zum Hafenausgang. Toms Vater zog an einer Leine und hißte das Großsegel. Er zeigte mir, wie die Fock hochzubringen war, dann flatterte auch das kleine Vorsegel im Wind. Er gab mir die Fockschot in die Hand, sagte: »Hol dicht!« und ich wußte nicht, was er meinte. »Du wirst viel lernen müssen, komische Worte, seltsame Namen und noch ein bißchen mehr. Aber du wirst es mögen.« Und er sagte noch, ein bißchen mögen werde nicht reichen, um dem Geheimnis auf die Spur zu kommen. »Man muß das Segeln lieben.«

»Idefix« kam in Fahrt. Toms Vater begann, mir die Grundregeln zu erklären. Warum ein Boot gegen den Wind fahren könne, was ein Unterliekstrecker sei, wie und warum man in den Wind schießen, also den Bug gegen den Wind stellen müsse. Und vieles, vieles mehr. Ich hatte kaum Zeit, dieses sonderbare Gefühl in mir zu orten, dieses seltsame Schweben und Gleiten, nicht nur durchs Wasser, sondern auch im Kopf, durch ein fremdes Irgendwo. Ich war viel zu aufgeregt, um überhaupt zu spüren, daß es dieses Gefühl gab. Erst am Abend nach diesem Tag, kurz vor dem Einschlafen, erlebte ich meine erste Fahrt noch einmal und stellte fest: Irgendwas ist da anders in mir als vor diesem Tag.

»Hol dicht!« Toms Vater hatte plötzlich einen Ton in seiner Stimme, der mich an die Ansage des Lufthansapiloten erinnerte, bei meinem ersten Flug nach London zum Schüleraustausch. Die Stimme hatte etwas Faszinierendes. So, als habe derjenige, der da spricht, alles ganz selbstverständlich im Griff, als könnte ihm nie etwas passieren. Selbst wenn er mir den Ausfall aller Triebwerke mitgeteilt hätte, wäre ich guten Mutes gewesen. Denn wer so spricht, macht keine Fehler.

Vielleicht war es dieser Ton, den Tom an seinem Vater so haßte. Er, der Alte, ein Baggerführer, der zum Beispiel nichts wußte von den Geheimnissen der lateinischen Sprache, die wir lernten, der nichts von Sinus und Cosinus, von den Perserkriegen und vom Versailler Friedensvertrag verstand. Toms Vater rackerte hart, um seinen Sohn aufs Gymnasium schicken zu können, und Tom glaubte bald, »dem Alten vom Bau« überlegen zu sein. Nur auf dem Segelboot, da war »der Alte vom Bau« der Kapitän. Und er war ein guter Kapitän.

Mir war, als flögen wir dahin. Ich sollte später lernen, daß wir mit halbem Wind fuhren, bei etwa drei Beaufort, ablandig und ab und zu ein wenig schralend. Doch fürs erste genügte es mir, hier auf der Luvkante zu sitzen, die Fockschot arg verkrampft in der Hand zu halten und voll von diesem erst später registrierten Gefühl zu sein. »Hol dicht!« Wie bitte? »Hol die Schot weiter rein!« Ich tat, wie befohlen, und war recht froh darüber, daß ich nicht Kapitän war auf der »Idefix«. Wir kamen mit einem Schlag zurück in den Hafen (wohlgemerkt: Ich wußte damals natürlich noch nicht, was ein Schlag war), und Toms Vater ließ die Segel fallen. Wir schoben »Idefix« gemeinsam über die Rolle an Land, schossen die Leinen und Schoten auf und deckten die Persenning darüber. Dann sagte Toms Vater zu mir: »Übrigens, ich heiße Hermann.« Und er gab mir die Hand. Ich fühlte mich sehr erwachsen. Ich hatte einen Freund gefunden, meinen ersten Kapitän.

Hermann lehrte mich segeln. Er tat dies mit viel Geduld, und es ging dabei nicht nur um Luv und Lee, um Vorfahrtsregeln und Knoten. Er lehrte mich, vielleicht ohne es zu wissen, viel von der Kunst des Umgangs untereinander auf dem Wasser. Sicherlich war es notwendig zu wissen, daß ein Boot mit dem Großsegel auf der Backbordseite Wegerechte hat vor einem, das auf Steuerbordbug segelt, und daß, wenn beide die Segel auf der gleichen Seite haben, derjenige Vorfahrt genießt, der härter, also in einem geringeren Winkel, am Wind segelt. Sicherlich war es notwendig, in jeder Situation schnell und elegant einen Palstek knüpfen zu können, eine Schlaufe, die sich nicht zuzieht, aber nach noch so großer Belastung wieder aufgeht. Es wurde bald zum Sport für uns, den anderen mit einem noch schnelleren Knoten zu besiegen (als ich ihm später mal eine amerikanische Version des Palsteks mitbrachte, hatte Hermann keine Chance mehr gegen mich). Vor allem der Trimm der Segel und des Bootes waren Hermanns Steckenpferd, auch wenn er selbst nie an einer Regatta teilnehmen wollte. »Wenig Wind, viel Bauch im Stoff. Viel Wind, wenig Bauch.« So steht es zwar in keinem Lehrbuch der Segelsportfunktionäre, aber es stimmt natürlich.

»Idefix« wurde mein Ferienparadies. Andere fuhren mit den Eltern nach Rimini, mit den Pfadfindern an die spanische Mittelmeerküste oder als Austauschschüler nach London, ich fuhr mit Hermann an den Chiemsee.

Bis Hermann krank wurde. Wir waren mitten draußen auf dem Chiemsee, als Hermann plötzlich bleich wurde, sich an die Brust faßte und vor Schmerzen anfing, ganz flach zu atmen. »Ich lege mich nur ein bißchen hin«, sagte er und überließ mir das Ruder. Doch ich hatte plötzlich Angst. Angst um Hermann, Angst vor meiner eigenen Hilflosigkeit. Jahre später sollte ich in John Updikes großartigem Roman ›Rabbit in Ruhe‹ in wunderbarer Sprache nachlesen, wie das ist, wenn man auf einem kleinen Segelboot einen Herzinfarkt bekommt.

Gott sei Dank wußte ich längst, mit dem Boot so umzugehen, daß wir ohne größere Probleme heil in den Hafen kamen. Aber das dauerte. Ein Segelboot ist kein gutes Fortbewegungsmittel, wenn es eilt. Ich versuchte mich in jener Sprache der Piloten. »Hermann, mach Dir keine Sorgen, wir sind gleich da.« Ich pfiff einem vorbeibrausenden Motorboot nach, hob und senkte die Arme, wie ich es als eines der Seenotzeichen von Hermann gelernt hatte. Man winkte nur freundlich zurück. Also die Schoten dicht und ab nach Hause.

Hermann überlebte den Infarkt. Doch sein Arzt hatte ihm geraten, »Idefix« zu verkaufen. Als ich ein letztes Mal die Persenning über das kleine Boot zog, war es, als verlöre ich einen Teil von mir. Doch es blieb ja all das, was Hermann mir gezeigt hatte. Und manchmal, wenn ich nachts irgendwo in der Ägäis unterwegs bin, wenn Zeit ist nachzudenken, dann fallen mir seine Sprüche wieder ein.

Der alte Mann und ein bißchen mehr

Hubert Raudaschl ist ein eher ruhiger Mensch. Eineinhalb Minuten vor dem Start zur Langstreckenregatta des Austria-Cups vor Lignano wird er aber sehr, sehr ungemütlich. »Zeit?« fragt er in harschem Ton. »Einsfünfundzwanzig!« – »Paß auf, daß du den da vorne nicht abschießt!« Andreas läßt die 15-Meter-Yacht nach Backbord abfallen. »Zeit?!« »Fünfundvierzig!« – »Okay, alles dicht!« Die Yacht nimmt Fahrt auf, doch für Raudaschls Geschmack viel zu langsam. »Jetzt aber los, rein mit dem Zeug! Wir wollen doch nicht auf der Startlinie parken!« Hektik, Gebrüll, wilde Kommandos. 86 Yachten schieben sich über die Linie, vorne mit dabei die AWC 1, am Ruder Andreas Hanakamp, hinter ihm als Taktiker: Hubert Raudaschl.

Andreas ist damals, im vorolympischen Frühling des Jahres 1996, 29 Jahre alt. Er studiert Betriebswirtschaft und soll in diesem Jahr seine ersten Olympischen Spiele bestreiten. Hubert ist 53 Jahre alt und wird ebenfalls nach Atlanta reisen, beide segeln zusammen im Starboot namens »Tine«. Der österreichische Segelmacher Hubert Raudaschl wird mit dieser Reise einen einzigartigen Rekord aufstellen: Er ist der erste Mensch, der zum zehnten Mal an Olympischen Spielen teilnehmen kann.

Zehnmal Olympia. Rom, Tokio, Mexiko City/Acapulco,

München/Kiel, Montreal, Moskau/Tallinn, Los Angeles, Seoul, Barcelona, und jetzt also Atlanta. Das ist geballte Sportgeschichte. Oder wie Hubert Raudaschl in seiner knappen Art sagt: »Ja, da hat sich schon einiges verändert.«

Man muß, um das Leben dieses Sportlers und ihn selbst zu verstehen, nicht unbedingt wissen, welchen aerodynamischen Gesetzen zufolge ein Segelboot bis zu einem Winkel von weniger als 30 Grad gegen den Wind vorwärts fährt. Man muß vielleicht auch nicht all die verwirrenden Fachbegriffe aus diesem Sport kennen. Aber man könnte, um Hubert Raudaschl näherzukommen, das Ende jener Regatta beschreiben, bei deren Start der Taktiker einen seiner berüchtigten Tobsuchtsanfälle bekommen hat.

Während der ersten zwei Drittel der etwa 30 Meilen langen Strecke schaffte es die AWC 1 unter dem Kommando von Andreas Hanakamp kaum, die unlängst von Daimler-Benz entwickelte Astro um mehr als zwei Minuten abzuhängen. Dann setzte sich Hubert Raudaschl ans Ruder. Und eine gute Stunde später pflügte die AWC 1 über die Ziellinie, mit mehr als zwölf Minuten Vorsprung – in der Rennklasse der Hochsee-Yachten sind das Welten. Hubert ist nun wieder ganz der alte, ruhig und gelassen, schlürft ein lauwarmes Bier und lächelt still in sich hinein. Er weiß: Er hat es den Jungen, den ehrgeizigen Heißspornen wieder einmal gezeigt.

Hubert Raudaschl wurde in einer Gegend geboren, die für ihr »Weißes Rössl« genauso berühmt ist wie für ihren

Kurgast Kohl, Helmut, Bundeskanzler: am Wolfgangsee, und zwar in St. Gilgen. Der Vater war Bootsbauer, und Sohn Hubert verdiente sich die ersten Schillinge, indem er als Bub die familieneigenen Leihboote ausschöpfte, damit die Touristen trockenen Hosenbodens über den See brettern konnten.

Natürlich lernte Hubert nahezu zeitgleich mit dem Gehen auch das Segeln, Schwimmen allerdings erst später, nachdem er während eines Gewitters als Siebenjähriger kenterte und beinahe ertrunken wäre. Später heuerte er als Leichtmatrose auf den für die windarmen Seen dieser Gegend berühmten Sonderklasse-Booten an, die Namen trugen wie »Lahme Ente« oder »Molch«. Auf den Mahagoni-Piraten-Jollen seines Vaters, getauft auf »Plisch« und »Plum«, gewann er erste kleinere Wettfahrten.

Es begann die Lehrzeit im väterlichen Betrieb. Damals fiel Hubert ein Buch in die Hände, das sein Leben letztlich bestimmen sollte: ›Regattasegeln – Die Aerodynamik der Segel‹ von Manfred Curry. Auch heute noch ist es Hubert Raudaschls spezielle Kunst, selbst die 170 Quadratmeter Segel der AWC 1 millimetergenau zu trimmen. Dort noch ein bißchen gezupft und hier ein wenig nachgelassen. Stimmt das Profil? Ist das Unterliek straff genug? Für den Laien sieht das aus, als wolle Raudaschl nur die Mannschaft triezen. Doch irgendwoher müssen die zwölf Minuten Vorsprung ja kommen.

Damals, während der Lehrzeit, entdeckte Hubert Raudaschl das Finn-Dinghi als für ihn idealen Bootstyp. Der

Finn war damals olympische Klasse und Tummelplatz der »Jungen Wilden« mit heftigem Siegeswillen. Mit seinem Finn reiste der 17jährige Hubert Raudaschl 1960 nach Rom, zwar noch als Ersatzmann, aber immerhin als Olympier. Im Jahr darauf war er bereits Fünfter bei der Europameisterschaft.

Das war auch die Zeit, in der Hubert Raudaschl das Brüllen lernte. Und zwar von dem russischen Supersegler Valentin Mankin, der in seinem Leben drei Goldmedaillen gewonnen hat. »Der Mankin ist in seinem Finn immer rumgehüpft wie ein Sparifankerl, hat getobt und gebrüllt, wenn er einen Fehler gemacht hat. Und dann hat er gewonnen.« Brüllen, Toben Schreien – ein wichtiges Ventil, um die Gedanken nach einem Patzer wieder zu ordnen. Der österreichische Wassersportjournalist Werner Meisinger wird später einmal resümieren: »Warum Hubert Raudaschl seit mehr als zwanzig Jahren in den verschiedensten Bootsklassen so großartige Erfolge feiert, ist übrigens kein Geheimnis: Er startet mittelmäßig, spinnakert schlecht und treibt manche Crew durch stete Wutausbrüche an den Rand der Meuterei.« Zumindest Letzteres stimmt.

Der Segelmacher und Bootsbauer Raudaschl war natürlich in der damaligen Olympiawelt, in der nur der lupenreine Amateur seine Daseinsberechtigung hatte, ein schwieriger Fall. Aber sollten denn Sportler wie er vergessen, was sie im Beruf gelernt hatten? Der Ausgang der Geschichte ist bekannt: Unter Lord Mike Killanin wurde die Amateurregel liberalisiert. Hubert Raudaschl jedenfalls segelte mit

Raudaschl-Segeln und wurde durch seine Erfolge als Sportler und Geschäftsmann doppelt berühmt. Nur ein paar Titel, damit der Respekt steigt: 1964 Weltmeister, 1966 Europameister, 1968 Silbermedaille, alles im Finn-Dinghi. 1970 Vize-Weltmeister im Contender, 1976 Dritter der Euro im Soling, 1978 Weltmeister in der Mini-Tonner-Klasse, im gleichen Jahr und 1980 Europameister und Silbermedaillengewinner in Moskau im Starboot, jener Klasse, der er bis Atlanta und darüber hinaus treu bleiben sollte.

Atlanta, Coca-Cola-Superstar unter den Austragungsorten der Olympischen Spiele. Und wie war das früher? Wenn Hubert Raudaschl über die Entwicklung der Olympischen Spiele spricht, fällt immer wieder und, je weiter er sich der Gegenwart nähert, immer öfter das Wort »Gigantomanie«. Klar, 1960 in Rom, da war alles neu für den Youngster. Doch schon damals galt für die Veranstalter: größer, höher, teurer. »Sie dachten, solche Spiele werde es nie wieder geben.« Falsch. So dachte jeder, und jedesmal wurde Olympia größer, höher, teurer. »1972 in Kiel-Schilksee, das war unheimlich. Als erstes besorgte ich mir ein Fahrrad, um die riesigen Distanzen im Hafen zu schaffen.« Dann die Geschichte in Montreal, wo das Stadion nicht fertig wurde. Oder das Problem Julio Antonio Samaranch: »Der spätere IOC-Präsident wußte schon als spanischer Botschafter in Moskau, daß und wie im ehemaligen Ostblock Amateursportler als Profis lebten. Er hat die Weichen gestellt für Olympia heute, wo es egal ist, wieviel einer mit seinem Sport verdient.« Doch Samaranch, so Raudaschls Prophezeiung, sei schwer belastet durch seine Beziehung zu Franco, sei Synonym auch für die undurchschaubare Gemengelage aus Finanzen und Freunderln im IOC. Raudaschls frommer Wunsch: Es müßte halt so etwas ähnliches wie einen Aufsichtsrat geben für dieses Komitee.

Natürlich ist Hubert Raudaschl in seinem Land ein Star. Nicht so vielleicht wie Fußballer Hans Krankl oder Annemarie Pröll, die Abfahrtskanone der frühen achtziger Jahre. Aber der Name Raudaschl ist bekannt. Und nicht zuletzt ist es ihm zu verdanken, daß Österreich eine Wassersportnation geworden ist. Der Austria-Yacht-Club etwa ist zahlenmäßig einer der größten in ganz Europa, deshalb liegt das Niveau der Regattasegelei unter den österreichischen Segelamateuren weit über dem Durchschnitt. Und auch das Kürzel der Yacht AWC 1, auf der Raudaschl bei der Adria-Regatta rumkurvte, hat irgendwie mit ihm zu tun: AWC steht für Austria Whitbread Challenge und bedeutet, daß das Alpenland Österreich dieses Boot auf die härteste Rund-um-die-Welt-Regatta schicken will, zum Whitbreadrennen 1997. Das wäre ohne die Popularität Raudaschls (und ohne die von ihm extra für dieses Boot maßgeschneiderten Segel) wohl nicht möglich.

Zehnmal Olympia also. Ein Rekord, der wohl nie mehr gebrochen werden wird. Raudaschl hat damit sogar sein Vorbild, den dänischen Segler Paul Elvström überflügelt. Der war »nur« neunmal dabei, gewann allerdings viermal Gold und düste bei der vorletzten Olympiade vor Korea als 58jähriger mit seiner Tochter Tine im Tornado, der Formel

Eins des olympischen Segelsports, über die Regattastrecke. Doch Hubert Raudaschl wollte eigentlich keinen Rekord brechen, sondern es nach seinem »verdammt schlechten« Abschneiden in Barcelona (20. Platz) »noch einmal wissen«. Dafür hat er hart gearbeitet, dafür hat er sich bei Ausscheidungsregatten mit den neuen »Jungen Wilden« heiße Schlachten auf dem Wasser geliefert. Dafür hat er seine Familie am Wolfgangsee immer wieder allein gelassen.

Chancen in Atlanta? Er hat damit zurechtkommen müssen, daß die jungen Sportler im Olympischen Dorf ihn wieder mal ab und zu fragten, wo man sich denn wegen diesem oder jenem beschweren könne, weil er halt »mit den grauen Haaren« eher einem Funktionär ähnelte als einem Olympioniken. Und so recht viel besser als damals in Barcelona ist es wieder nicht gelaufen. Ob er nun noch nach Sydney reist?

Egal. Die Jungen, sie könnten so oder so noch ein paar sportliche Kleinigkeiten von Hubert Raudaschl lernen. Zum Beispiel in Situationen wie der kurz nach dem Start des Austria-Cups vor Lignano. Die Astro führte bei der ersten Wendemarke knapp vor der AWC 1, hatte aber offensichtlich den entsprechenden Funkspruch verpennt, daß diese im Uhrzeigersinn zu runden sei, fuhr prompt falsch herum und rauschte unter Spinnaker an der ankreuzenden AWC 1 vorbei. Da pfiff Hubert durch die Finger und deutete an: Halt, andersrum, sonst werdet ihr disqualifiziert! Die Astro drehte blitzschnell, um den Fehler gutzumachen. Einer der Jungen auf Huberts Schiff moserte dann, diese freundliche Geste könne die AWC 1 den Gesamtsieg kosten. Hubert schaute da ein bißchen traurig, murmelte was von Fairplay und erzählt ein paar Stunden später in der Hafenkneipe, immer noch ein bißchen irritiert, eine kleine Geschichte: Im Frühjahr dieses olympischen Jahres fand vor Athen die Europameisterschaft der Starsegler statt. Beim Start, so Hubert Raudaschl, sei ihm ein schwerer Fehler unterlaufen, so wie einem Autofahrer, der rechts vor links verpennt. Es hat zwar nicht geknallt damals vor Athen. Und Raudaschl hätte sich vielleicht durchmogeln können. »Trotzdem hab ich die Wettfahrt abgebrochen. Nach so einem Fehler!« Es kam dann später ein Konkurrent auf ihn zu, schüttelte ihm die Hand und sagte: »You are the only gentleman.« Auf dieses Kompliment, so scheint es, ist Hubert Raudaschl mindestens genauso stolz wie auf sein Ticket nach Atlanta. Und ich wette drei Liter warmen Bieres, daß Hubert es noch einmal probiert. Australien soll ja sehr schön sein.

Von dicken Schiffen, schlanken Jollen und dem Beginn einer wunderbaren Freundschaft

Häme, Häme, dreimal Häme über all die fetten, blöden, langweiligen Kaffee trinkenden, ewig und drei Tage geradeaus fahrenden, Kapitänsmützen tragenden, ihre Frauen zum Putzen mißbrauchenden Dickschiffsegler. Schon dieses Wort! Dick-Schiff!

Wir dagegen, Könige der Winde, Herrscher über die Wellen, gleitend das physikalische Gesetz der Rumpfgeschwindigkeit durchbrechend, im Trapez reitend, die Spinnakerschot in der Hand und immer gut drauf. Wir Jollensegler. Welch ein Wort! Jolle! Klein, wendig, eine Herausforderung für Kopf und Körper. Schon einmal bei sechs Beaufort Mistral mit dem 470er im Golf von Lion bei halbem Wind über die Wellen gesurft? Na eben.

Aus dem Weg, Du Wicht! Mit Deinem popeligen Laser oder 470er oder was das ist! Wegerecht? Schon mal was von Windloch gehört? Da fährst Du jetzt rein, in Lee von mir und meinen hundert Quadratmetern Segelfläche. Dann sprechen wir uns wieder. Soll ich Dir aus dem Bach helfen. Ist er reingefallen, der Kleine. Wie niedlich.

Dir werd' ich's zeigen, Du fettleibiger Plastikschichtbauweisenheld. Ein bißchen abgefallen, das Schwert hoch geholt, die Pinne auch, und ab geht die Post. Lee? Fahren wir doch locker außen rum. Da fällt Dir nichts mehr ein, Du, Du, Du Rudergänger, Du.

Aber was ist denn mit Euch, Ihr Jollen-Punks, wenn weit draußen auf hoher See die Wellenberge über Dir zusammenbrechen, wenn die Yacht den Jitterbug tanzt in der Kreuzsee, wenn binnen Minuten der Wind von 25 auf 60 Knoten auffrischt? Ja ja, dann geht Ihr, wenn Ihr mal zu Gast seid auf einem richtigen Schiff, unter Deck und kotzt Euch die Seele aus dem Leib. Ihr Kleinboot-Freaks und Schwerter-Könige. Am Starnberger See die große Klappe riskieren und im Salzwasser dann nach den Plastiktüten schreien.

Wie meinen der Herr am runden Ruder? Nur weil er neidisch ist auf das Gefühl, mit dem Wasser verheiratet zu sein? Nur weil er dort oben hängt in seinem Cockpit und eine Halterung hat für die Bierdose, nur weil es ihm vollkommen egal sein kann, ob das Vorliek exakt durchgesetzt ist, weil sein Kahn ohnehin die Fünf-Knoten-Grenze nur bei Hurrikan überschreitet, möchte er dumm daherreden. Dieser Kaffee-Segler mit seinem Kaffee-Dampfer und seiner Kaffee kochenden Ehefrau, die wahrscheinlich so einen heißen Jollenjungen liebend gerne ... naja, wollen nicht übertreiben.

Ach, jetzt auf Jugend machen. Der Knabe dort in seinem Boot. Böötchen. Jöllchen. Will wohl Potenz zeigen im Trapez, wie er ausreiten kann und die Spi-Schot aus der Hand fährt. Komm doch mal rüber und mach mir eine exakte Radarpeilung mit den beiden Dampfern da vorne. Kommen wir da durch mit dem Kurs oder rammen wir einen von den beiden, bis er untergeht oder wir? Na, komm schon, Jungchen, zeig, was Du kannst am Kartentisch. Kurs 283 Grad, Wind von 72 Grad, Strom von 345 Grad mit 2,5 Knoten. Und jetzt eine Entfernung zum nächsten Way-Point von 323 Meilen. Der kürzeste Weg? Da fängste an zu grübeln, gell? Ist ja alles so einfach auf einer Yacht. Klar doch. Nur, weil ihr nach drei Stunden Regatta wieder im Clubheim sitzt und Weißbier trinkt. Und was ist dann, wenn Dich 50 Meilen vor San Remo der Sturm erwischt mitten in der Nacht?

Mußt Du eben Wetterbericht hören, Opa. Und früh genug reffen. So, wie Du es gelernt hast damals im B-Schein-Unterricht, wo sie Euch die Meilen, die Ihr brauchtet, für ein paar hundert Mark nachbestätigt haben. Ja ja, Wetterbericht. Ist nie verkehrt.

Aha, da spricht der Fachmann. Dann machen wir mal. Frequenz 6250 auf dem Single Side Band. 18.55 Uhr Osteuropäische Zeit. Deutsche Welle. »Ionisches Meer: Südwest drei bis vier, süddrehend.« Und was haben wir hier, im Ionischen Meer, in diesem gottverdammten Hafen von Kiparissia: Nordweststurm sechs bis sieben. Und müssen nachts um drei auslaufen. Nur wegen dieser verdammten Deutschen Welle. Was macht der Jollensegler da? Er hat sein Boot brav an Land gezogen und pennt im Zelt. Das haben wir gerne. Wenn andere arbeiten müssen.

Okay, das mit dem Wetterbericht war nicht fair. Aber Du mußt doch zugeben: In so einem fetten Kahn passiert nichts aufregendes. Geht doch immer gerade aus dahin. Ab und zu mal ein bißchen Wind. Und wenn nicht, machst Du die Maschine an und tuckerst durch die Gegend.

Soso, Maschine an. Schon mal bei sechs Windstärken einen Diesel entlüftet, weil in die Drecksleitung Luft gekommen war? Macht Spaß, sag ich Dir. Oder schon mal durch die Straße von Levkas gedüst und drei andere Yachten versägt? Bei Böen aus allen Richtungen? Bei Wind zwischen null und sechs Beaufort, und das innerhalb einer Minute? Da mußt Du schön fix sein an den Winschen. Bis Du 60 Quadratmeter Genua dicht geholt hast. Da mußt Du Nerven beweisen, wenn der andere eine Privatböe kassiert und wieder auf und davon fährt. Da heißt es: Cool bleiben, Mann.

Mann, das ist ja wie bei uns. Aber so cool sind wir schon lange. Mach doch Du mal einen sauberen Start mit 80 Lasern außenrum, und jeder haut Dir eine auf die Schnauze.

Ihr habt eben keinen Anstand. Wenn wir starten, gelten die Regeln des Segelns und nicht die des Stärkeren. Schon mal gegen dreißig dicke Yachten dreißig Sekunden vor dem Startschuß einen Aufschießer gefahren? Da kriegst Du feuchte Hände, sag ich Dir. Und jetzt paß auf, da vorne kommt so ein Arsch von Windsurfer daher. Der hat sicher keine Ahnung von Wegerecht.

Stimmt, was macht denn der: Hey, hau ab, wir reden hier ganz friedlich. Vom Segeln, du Hirsch, davon hast Du doch keine Ahnung! Hey, ich fahr über Backbordbug. Raum!!! Jetzt ist er reingefallen. So'n Pech aber auch.

Wie wär's mit einem kleinen Bier, mach doch dein Teilchen da hinten fest an der Klampe.

Okay, Opa. Und dann zeigst Du mir das mit der Karte und dem Strom und dem Wind. Und ich sag Dir, wie das mit dem Spi funktioniert.

Nun reiß mal die Klappe nicht allzu weit auf. Helles oder dunkles? Weißbier! Ist aber nicht ganz kalt.

Hab ich ja gleich gesagt. Kaffeedampfer. Prost.

Könnten Freunde werden, die beiden.

Weißbier
oder: Wie ich lernte, Motorboote zu hassen

Ach, Port Bou, Perle im Golf von Lion! Geschmiegt an die nordöstlichen Flanken der Pyrenäen. Guter Rosé. Köstlicher Loup de mer. Todesgruß von Walter Benjamin, der sich hier der Ewigkeit anvertraut hat. Ach, Port Bou! Wir rollen uns eine gute Zigarette vor Walter B., der uns ein so schwieriges Buch hinterlassen hat über die Bedeutung von Haschisch.

Die Ansteuerung ist einfach, auch wenn man ermattet ist von der dauernden Kreuzerei, von Süden gegen den Mistral gekämpft hat, Salz in den Augen, brennend, Salz in der Kehle, dürstend. Nein. Kein Wasser, wir warten. Gehen zu Bernard, bestellen einen Wein, den aus dem Hérault. »Santé!«

Die Mannschaft ist schon vorausgegangen. Ich stehe noch ein bißchen rum, die Knoten kontrollierend, irgendwie wartend, froh, daß die lärmende Combo schon in einer Hafenkneipe steckt. Sechs Monate westliches Mittelmeer sind genug. Das hier ist die letzte Tour. Noch einmal Grand Motte-Palamos und retour. Und dann ist die Saison zu Ende. Macht das einen Sinn? Ist das die Freiheit, die ich meine? Zahlende Touristen auf einem kleinen Segelboot an die Costa Brava zu schippern? Die letzte Crew: Skatclub Düsseldorf. 18, 20, 22. Null! Ich konnte es nicht mehr hören. Die schönsten Häfen der Gegend – »Entschuldigen Sie, dort oben wohnt der Herr Dalí, Salvadore mit Vornamen. Wir sind in Figueras. Das! Ist! Schön! Hier!« – »Kann der auch Skat spielen?« Keine Ahnung. Ich wollte ja unbedingt Skipper werden.

Na gut, die anderen sind schon weg, voraus. Ob sie die Kneipe von Bernard gefunden haben? Egal. Hauptsache, es ist ein bißchen Ruhe hier. Da liegt noch eine Kippe auf dem Teakdeck. Saubande. Neben mir wummert sich eine fette Motoryacht zwischen die Festmacher. Elegant. Na ja, mit Bugstrahlruder kann das jeder. Deutsche Flagge. Egal. Ich nehme die Heckleinen und mache sie fest. Deftiges, schönes Bayerisch. »Dankschön.« Bayerisch? Lange nicht gehört. Nur Düsseldorf. »Ohne drei spiel vier Schneider fünf macht …«

Wir kommen ins Reden. Das Übliche. Woher? Wohin? Das Wetter? Soll ja abflauen morgen, der Mistral. Ob ich eine gute Kneipe kennen würde? Er sagt nicht »Kneipe« sondern »Wirtshaus«. Er spricht meinen Dialekt. Ein bißchen derber vielleicht. Aber immerhin. Wirtshaus. Ich erzähle von Bernard und seiner Bouillabaisse. Und vom guten Wein. Ob er das versteht?

Und dann rutscht es mir einfach so heraus. Ohne Nachdenken. Ohne irgendwie die Worte zu wägen. Die Sonne ist dem Horizont, also den Bergen, schon recht nahe. Da wird man ja meistens ein wenig unvorsichtig. Und ich habe auch schon einen Pastis in der Hand, habe ihm sogar einen angeboten, doch er lehnte ab. Jetzt also rutscht es mir heraus.

»Ein Königreich«, sage ich (nicht »Eine Swan« oder »Ein neuer Spinnaker«, nein) »Ein Königreich für einen Leberkäs und ein Weißbier.«

Da lacht der Herr der Motoryacht mit dem bayerischen Akzent, lacht so, wie nur niederbayerische Viehhändler (er sei so einer, hat er vorher erzählt) lachen können und sagt: »Ja, mei. Leberkäs hob i koan. Aber a Weißbier scho.«

Und in diesem Moment ist es, als habe die Sonne den Rückwärtsgang eingelegt, als träfen sich Nordstern und Orion zum Frühschoppen, als hätte Poseidon zur Party geladen mit allen Meerjungfrauen zwischen Sardinien und Spanien, und alle sind gekommen. »Sie hätten also ein Weißbier?« »Ja«, sagt er. »Aber klar. Zehn Franc die Flasche.«

Zehn Franc. Sagt er. Der Herr über ein Boot, das sicherlich mehr als zwei Millionen Mark gekostet hat. Der Viehhändler mit dem bayerischen, dem niederbayerischen Akzent. Zehn Franc. Will er. Von mir. Der ich seit sechs Monaten hier rumkurve und von Wein und Bouillabaisse lebe. Und vom Skatclub Düsseldorf. Und von sonstigen Deppen, die nicht einmal in der Lage sind, einen Fender festzubinden. Und das für schlappe 150 Mark am Tag. Und der Herr will also zehn Franc für ein Weißbier. Drei Mark dreißig für ein bayerisches Weißbier.

Die Sonne hat ihre ursprüngliche Richtung wieder eingeschlagen. Der Frühschoppen zwischen Orion und Nordstern ist beendet, hat überhaupt nicht stattgefunden. Und ihr Meerjungfrauen, ihr könnt euch jetzt auch verziehen. Und zwar hurtig.

Nein danke. Ich hab da was falsch verstanden.

Irgendwann kam die Combo zurück an Bord. Ich war da schon ziemlich betrunken. Nicht von Weißbier, sondern von Pastis oder was sonst noch so rumgestanden hatte an Bord. Schlecht geschlafen, sehr schlecht. Geträumt, ich machte ihm, dem niederbayerischen Viehhändler mit samt seinem Weißbier, die Leinen los oder bohrte mit dem Drillbohrer ein klitzekleines Löchlein unter der Wasserlinie. Oder was auch immer.

Seitdem bekomme ich immer so ein komisches Gefühl im Bauch, wenn neben mir, egal wo, ein Motorboot festmacht, eines dieser Schiffe, die wir gerne »Nasenbären« nennen. Und ich warte nur darauf, daß der Herr dieses Motorbootes irgendwie bayerisch spricht und irgendwas von Viehhandel erzählt. Dann frage ich ihn, ob er vielleicht ein Weißbier möchte. Ich habe seitdem immer eines dabei. Nur eins. Ich warte auf zehn Franc.

Rundherum,
das ist nicht schwer

Man möchte es nicht glauben. Dieser Mann also ist einer der berühmtesten Weltumsegler Deutschlands. Hat so gar nichts von einem Helden an sich. Sieht nicht aus wie einer der wilden Burschen, die als Profis auf den teuersten Yachten der Welt arbeiten, damit der Eigner die eine oder andere Regatta gewinnt. Sitzt da in seinem Büro, blättert in den Aktenbergen, räsoniert über die Schlechtigkeit der Welt und darüber, daß über solche Schlechtigkeit ein Urteil zu fällen auch nicht immer spaßig sei. Weil er halt Richter ist von Beruf, der Herr Schenk, den seine Eltern auf den Namen Florian getauft haben und nichts dagegen tun konnten, daß alle Welt ihn »Bobby« ruft.

Eines Nachmittags in der Bucht von Navarino, in der ein Troß von Regattabooten für ein paar Tage halt gemacht hat. Bobby Schenk, als Schiedsrichter mit bei diesem Rennen, steigt auf die »Lady Angeliki«, eine schlanke, rassige, 13 Meter lange Yacht. Es solle doch, so hatten es sich Skipper Heinz Landgraf und seine Crew gewünscht, der Bobby mit ihnen ein paar Runden durch die Bucht mitsegeln. Und so was läßt sich Bobby Schenk, aus mehrerlei Gründen, auf die noch zu kommen sein wird, nicht entgehen.

»Bobby, Du gehst ans Ruder.« Bobby, der Mann mit den

Händen eines Beamten und dem Gesicht eines in die Jahre gekommenen Lausbubs, stellt sich ans Ruder der »Lady Angeliki«. Und es geschieht eine seltsame Metamorphose mit diesem Menschen. Kaum hat er seine Hand auf das mit weichem Leder ummantelte Rad gelegt, strafft sich der Beamtenrücken, gleitet ein eigenartiges Lächeln über das Gesicht, vom linken bis zum anderen, ein bißchen schräg abstehenden rechten Ohr. Und es strahlt dieser Mann eine ungeahnte, so nie erlebte souveräne Ruhe und über alles erhabene Gelassenheit, eine Ehrfurcht gebietende Autorität und fast einlullende Sicherheit aus. So, als wäre dies sein Leben und alles andere nur Tarnung.

Nun, wer Bobby Schenk ein wenig näher kennt, weiß, daß das eine ohne das andere nicht möglich wäre. Der Herr Amtsrichter Schenk ist auch der Herr Weltumsegler Schenk. Der Commodore, also Präsident, des Austria Yacht Clubs (das ist er, obwohl Bayer, mit kindlichem Stolz) sitzt in der Münchner Pacellistraße im Amtsgericht, spricht Scheidungen aus, mahnt zu Vergleichen zwischen zerstrittenen Menschen und Institutionen oder seufzt einfach still vor sich hin, weil die Welt nicht so ist, wie er sie gerne hätte.

Nun ist Bobby Schenk also in seinem Leben mit seiner Frau Carla zweimal um die Welt gesegelt, zweimal um Kap Horn, was ein bißchen komplizierter ist als durch den Panamakanal zu schnurren. Er hat auf Tahiti gelebt und dort den Pilotenschein gemacht. Er hat als erster auf einer winzigen, einmotorigen Maschine den Atlantik überquert, er hat als erster mit dem Schiff eines Freundes Staten Island besucht weit jenseits von Kap Horn; er hat auf einer Yacht ohne jedes Instrument, auch ohne Uhr, Radio und Kompaß, punktgenau die Strecke von Las Palmas nach Barbados absolviert, die gute 2000 Meilen lang ist. Und er hat also jetzt das Ruder der »Lady Angeliki« in der Hand und freut sich auf die ihm eigene, unbändige, ungebärdige Art, segeln zu dürfen, wenn es auch nur für ein, zwei Stunden ist.

Bobby Schenk ist ein Solitär unter den Segelabenteurern. Nicht nur seines Jobs als Richter wegen, sondern weil er auch im ganz normalen Leben ein unglaubliches Gespür hat für guten Wind. Denn Bobby Schenk hat erkannt, welch ungeheure Lust und Sehnsucht Menschen nach seinen Geschichten und nach seiner Erfahrung haben. So hat er, Autodidakt in Photographie und Schriftstellerei, schon recht früh begonnen, sein Leben und was er damit angefangen hat, zu erzählen. Und es gibt, mit Verlaub, keinen, der das besser kann. Du stehst irgendwann nach Mitternacht an der Reling eines großen Schiffes, zweihundert Meilen von der nächsten Küste entfernt, schaust in die Finsternis, suchst Dir einen Stern zum Träumen. Und neben Dir steht Bobby und erzählt. Von Polynesien, von der Erfindung der ersten genauen Uhr, von der Wichtigkeit dieser Erfindung für die Kunst der Navigation, von seiner Liebe zum Computer, von der daraus resultierenden, auch wirtschaftlich nicht uninteressanten Kombination aus seemännischer Weltläufigkeit und pingeliger Programmierkunst. Bobby Schenk hat ein Astronavigationsprogramm geschrieben, das jeder auch nur einigermaßen ernsthafte Segler kennt. Und zwar überall auf der Welt. Und er hat sich die kindliche Freude am Erfolg bewahren können, strahlt wie ein Honigkuchenpferd, wenn ihn, in welchem Hafen auch immer, einer beim Namen ruft. »Grüß Gott, Herr Schenk!« Da kann er lachen ohne Ende, setzt sich ein bißchen dazu und erzählt ein paar Geschichten.

Bobby steht am Ruder der »Lady Angeliki« und lacht und erzählt ein bißchen. Im Cockpit und auf der hohen Kante sitzen wahrhaft erfahrene Segler. Doch was sind die stolz, daß der Mann dabei ist, von dem sie jedes Buch gelesen haben, von dem sie in abendfüllenden Seminaren gelernt haben, wie man die Sonne schießt, um zu wissen, wo man sich befände, segelte man gerade mitten im Pazifik oder im Indischen Ozean. Doch es ist nur die Bucht von Navarino. Und nach zwei Stunden ist der Spaß vorbei. Noch einen Schluck Whisky? Aber selbstverständlich. Und Bobby Schenk geht wieder an Land, schlurft in seinen Badelatschen über die Pier. Und keiner würde denken, daß der Mann über hunderttausend Meilen Salzwasser hinter sich hat.

Bobby, erzähl eine Geschichte! Da lacht er, ein wenig verschmitzt, und nimmt uns mit. Irgendwohin in die Südsee. Oder ins Wunderland des »Global Positioning Systems«, das mittels ein paar Mikrochips den Standort eines Schiffes binnen Sekundenbruchteilen feststellen kann. Überall auf der Welt. Wenn Bobby erzählt, ist es egal, ob Bites eine Rolle spielen oder Böen, ob Nanometer oder der Nordstern.

Dieser Mann hat sich eine kindliche Begeisterung bewahrt für das Leben auf See und in der Luft, eine Begeisterung, die es ihm erlaubt, still und gelassen vor den Aktenbergen zu sitzen und darüber nachzudenken, warum die Menschheit nicht ganz perfekt ist. Aber wäre sie es, wäre Richter Schenk ja arbeitslos.

Reggae und Rum

Diese Luft! Was ist das nur für eine Luft? Heiß, trocken, fremd. Trocken? Binnen Sekunden sind wir naßgeschwitzt, als wir aus der Tristar auf die Gangway steigen, runter zum vor Hitze flimmernden Teerbelag des Flughafens von Barbados. Aber es ist nicht schwül, es ist anders. Anders als Griechenland. Anders als Spanien. Anders als Hongkong. Anders als alles, was wir bisher erlebt haben. Es ist irgendwie – jetzt lacht mal nicht – aber es ist irgendwie erotisch. Genau. Obwohl jeder ahnt, daß Erotik hier den an europäische Verhältnisse gewohnten Körper zunächst etwas überfordern würde. Aber es knistert. Es funkt. Es groovt.

Einen Tag später, nach einer märchenhaften Nacht im Crane Beach Hotel auf einem der Felsen an der Ostküste von Barbados, landen wir endlich auf St. Vincent, auf einem Flughafen mit seltsamen Gepflogenheiten. Die kleine Beachcraft fliegt vom Meer aus in Richtung Berg auf die Runway zu. Und sie startet mit dem Wind, wieder aufs Meer hinaus, weil sich sonst ihre Nase in den Kalkstein bohrte. Auf St. Vincent gelten offenbar andere aerodynamische Gesetzmäßigkeiten. Daß da auch noch eine Straße über die Landebahn führt mit einer echten Ampel auf der rechten Seite, überrascht uns nicht mehr.

Dann sind wir im Hafen der amerikanischen Chartercompany CSY, die Anfang der achtziger Jahre noch gut im

Futter stand. Luxus ohne Ende. Eine kleine Bar mit dem obligatorischen Ventilator an der Decke, draußen bewegen sich im Rhythmus der einlaufenden Strömung die Yachten, dicke, fette Schiffe in Eierschalengelb mit schokoladenfarbenem Wasserpaß. Später sollten wir erfahren, daß die Nicht-Charter-Segler, diejenigen also, die hier auf ihren Booten zuhause sind, die CSY-Yachten als Keksschachteln bezeichnen. Gar nicht verkehrt.

Für uns aber, die wir allesamt zum erstenmal hier sind, ist unsere CSY 44 ein Traum. In einer Traumlandschaft. In einer Traumluft. Schon mal ein Glas Rum hier getrunken, mit einem kleinen Eiswürfel drin? So ähnlich muß das damals gewesen sein mit Eva und dem Apfel.

Skippers Meeting. Gewaltige Spannung im Herzen und im Kopf. Man hat ja alles gelesen über das Segeln in der Karibik. Über die Riffe drunten bei den Tobago Keys, über die Strömung nördlich von Grenada, über die sogenannte Augapfel-Navigation. Aber jetzt steht da ein sehr ehrfurchtgebietender, sehr cooler schwarzer Amerikaner mit dem einfachen Namen Ben an der Tafel, auf die eine Seekarte gepinnt ist, fragt, wer zum erstenmal hier sei, und schickt, nach der Antwort, daß jeder hier im Rund ein Greenhorn sei, einen Blick zu Gott dem Allmächtigen, einen Blick jener Art, wie ihn mein Bruder nach oben schickte, als er mir zum erstenmal sein Auto lieh.

»Also, Leute, Segeln hier ist ganz einfach. Ihr müßt nur ein paar Regeln beachten. Ihr fahrt nie nachts. Ihr fahrt in die Keys nur von Westen hinein, und zwar so, wie ich es

Euch hier zeige. Und Ihr funkt uns sofort an, wenn irgendwas nicht stimmt. Und denkt daran: Das hier ist der Atlantik. Und kein See.« Yes Sir. Wir bleiben noch eine Nacht im Hafen. Jetlag und Aufregung vermischen sich zu einem mächtigen Gewirr im Kopf, das auch mit Rum und Carribean Beer nicht in Ordnung zu bringen ist. Früh am Morgen dann sind wir hellwach. Sechs Stunden Zeitunterschied – und diese Luft eben. Diese fremde, aufregende Luft.

Langsam gleitet die CSY 44 durch die schmale, von Baken begrenzte Rinne aus dem Hafen hinaus auf offene See. Es sind nur gut zehn Meilen runter nach Süden, in die Admiralty Bay von Bequia. Doch kaum hat uns die erste Welle hochgespült, spüren wir, was es heißt, wenn sich die See über 2000 Meilen im Passat aufgebaut hat: Lang ist die Welle, an die zwei Meter hoch zwar, aber so angenehm, so friedlich. Es ist, als flögen wir in Zeitlupe über das Meer.

Es wird, das ist uns schon nach diesem ersten Tag hier klar, diese Reise unsere Vorstellungen von Urlaub verändern. Wir werden neue Träume haben und neue Erinnerungen, die nie vergehen. An die Frangipani-Bar auf Bequia, in der ich später noch öfters landen werde, an die Musik hier, an ein Lied, das wir nie vergessen werden: Paul McCartney und Stevie Wonder haben damals gerade zusammen für die Welt »Ebony & Ivory« erfunden. Angeblich in einem Studio auf Martinique, einer Insel, die nur eine Tagesreise nördlich von hier liegt. Und sie haben für die Gegend rund um Martinique eine spezielle Version eingespielt, die ich nie wieder irgendwo sonst gehört habe: Ebony & Ivory im Reggae-Rhythmus. Ich Trottel, hätte ich mir damals die Scheibe gekauft, ich hätte Deutschlands Musikwelt revolutioniert.

Doch in der Karibik lebst Du eben nur fürs Hier und Jetzt. Für das nächste Glas Rum. Für die nächste Welle, für den nächsten Regenschauer, der in abenteuerlicher Wucht über Dich und das Schiff hereinbricht und nach wenigen Minuten zu Ende ist. Und frisch geduscht, segelt es sich noch viel besser.

Wir fuhren damals langsam runter nach Grenada. Es war die Zeit, bevor die Amerikaner beschlossen, daß der von Kuba und Moskau erbaute Flughafen auf der Gewürzinsel für ihre Weltherrschaft ein bißchen arg gefährlich sei und deshalb die Insel mit der Hafenstadt St. Georgia vom Kommunismus befreit werden müsse. Wir fanden Hurrican Holes, in denen man mit zehn Leinen rund ums Schiff in den Mangroven hätte festmachen können, wenn so ein Ungetüm namens Gilbert oder Mary über das Schiff gekommen wäre. Wir wurden in den Ankerplätzen nahezu stündlich besucht von einheimischen Jugendlichen in ihren Ruderbooten, die uns frische Limonen anboten (wunderbar für den Rum) und frischen Lobster, vor dem wir allerdings Angst hatten, nein, nicht direkt vor dem Lobster, aber vor dem Akt des Tötens.

Wir tauchten in den Korallen der Keys, wir tanzten im »Love Boat«, der damals sicher schärfsten Disco der Welt, mit 2 000 Schwarzen Reggae bei 2 000 Watt Lautsprecherleistung und 20 Watt in der Glühbirne. Erinnerst Du Dich, mein Freund, an die Frage der jungen Hübschen in St. George: »Do you want to dance, Babe?« Und Du hast gesagt, Du wärst zu müde. War ein Fehler, mein Freund. Stand up and fight for your rights. Darauf tanzten wir. Bis morgens um fünf.

Die Sache mit dem Korallenriff und dem Bootsrumpf, die vergessen wir jetzt einmal. Als vor uns ein ganzes Regattafeld unter Spinnaker durch so ein schmales Loch gedüst war, und wir hintendrein dann dieses Loch nicht so ganz perfekt getroffen haben, und das Boot dann entsetzlich jammernd auf dem Riff saß, das also, mein Freund, vergessen wir.

Nicht vergessen wollen wir aber jenen Abend, als uns um 5 Uhr p.m. der Rum ausgegangen war in den Keys und Du, wie immer perfekt im Jackett (und in Turnhose) gewandet, mit dem Dingi zum Nachbarn gefahren bist mit zehn Bucks in der Tasche. Und stolz mit einer fast vollen Flasche Mount Gay zurückgekommen bist. Es waren Mormonen, erzähltest Du, und sie hätten erst den Bordrat einberufen müssen, um zu klären, ob man dieses Gewürz Ungläubigen zum Zwecke des Betrinkens überlassen dürfe. Du hast gesiegt damals, mein Freund. Die Flasche, sie war bald leer.

Es war ein Traum, damals in der Karibik. Ich dachte, ich wollte jetzt nur noch hier segeln. Dachte, das wäre die Freiheit, die ich meine, wenn ich die Leinen losmache im Hafen.

Doch bald schon fing ich an, nachzudenken über diese Gegend mit dieser wunderbaren Luft. Daß es doch ein wenig seltsam sei, wenn dich kleine Knaben in jedem Hafen fragen, ob sie auf dein Dingi aufpassen dürften – für fünf East Carribean Dollars, was damals etwa fünf Mark entsprach – und dem Tagessold ihres Vaters, der als Bauarbeiter schuftete, wenn er das Glück hatte, einen Job zu haben. Daß es doch schon ein bißchen komisch sei, mit einer Yacht durch die Gegend zu fahren, die so viel Geld kostet, wie eine einheimische Familie in ihrem ganzen Leben nie würde verdienen können. Daß es doch auch bedenkenswert sei, wenn Harry Belafonte damals in Grenada auf einem Kongreß der Intellektuellen Mittelamerikas feststellen mußte, hier koste – rein kaufkraftmäßig betrachtet – ein Kilo Zwiebeln für eine Familie soviel wie eine Runde Planters Punch für eine große Yacht.

Nun, Sentimentalität hin oder her, ich begann den Traum von der Karibik anders zu träumen. Klar: Es gibt Palm Island, elf Palmen, Sandstrand, ein Ghetto Blaster, eine Bar. Es gibt Sandy Island, gegen das jede Bounty-Werbung pure Untertreibung ist. Es gibt Petit St. Vincent mit dem wunderbaren Drink namens »Neptuns Nemesis«, was wirklich stimmt. Und es gibt diese Luft, in der Du nie betrunken wirst. Aber diese wunderbaren, vom Dollar beherrschten »Inseln unter dem Wind«, sie gehören zu den ärmsten Gegenden der Welt. Und die, die hier leben müssen, träumen von ganz anderen Dingen.

Es war in einem kleinen Tanzschuppen auf Union Island, jener Insel, deren Airport mit einem »Vorsicht-Kühe«-Schild geschmückt ist. Ein Tanzschuppen nur für die

Schwarzen hier. Und die waren nicht sehr begeistert, als wir dort einfielen. Mit einem »Quarter of rum« lösten wir – ganz die reichen Jungs aus Europa – das Problem. Ein alter Mann wollte sich mit mir unterhalten. Wo wir denn herkämen, fragte er. Aus München, sagte ich. Keine Reaktion. Aus Deutschland, damals noch »West«. Keine Reaktion. Aus Europa. Keine Reaktion. Aus der Stadt, in der Bob Marley, dessen »Buffalo Soldier« sie gerade spielten, im Krankenhaus lag, bevor er in New York starb. Da fing der Alte an zu strahlen und sagte leise, aber deutlich: »No, Sir. He didn't die.« Da wußte ich plötzlich, daß ich noch viel zu lernen haben sollte, um die Karibik zu verstehen.

Laß fallen Anker

Es war eine wirklich beschissene Nacht damals in einer Bucht südlich von Estartit. Der Tramontana wehte mit sechs bis sieben aus Nordwest von den Pyrenäen herunter. Aber ein gewaltiger Schwell kam von See, weil draußen, irgendwo in Richtung der Balearen, ein Gewitter getobt hatte. Die neuneinhalb Meter kleine »Lady Hamilton«, eine eigentlich urgemütliche, behäbige Stahlyacht vom Typ »Cumulant II«, spielte natürlich verrückt. Immer im Kreis herum, schaukelnd wie ein Korken in der Badewanne, wenn man aufs Wasser haut. Sollte jemals das Sprachbild »Spielball von Wind und Wellen« gestimmt haben, dann in dieser Nacht.

An Auslaufen war nicht zu denken, laut Wetterbericht sollte der Wind auf Nord drehen und auf bis zu acht Windstärken aufbrisen. Also wieder einmal aufbleiben. Ankerwache schieben. Nun, zugegebenermaßen sei erwähnt, daß wir damals noch ziemliche Greenhorns waren, was das Salzwassersegeln angeht. Aber im nachhinein ist man ja immer schlauer. Später sollte ich lernen, solche Unbill durch einen geschickt ausgebrachten zweiten Anker über Heck in Grenzen zu halten. Später, ja ja.

Zurück auf die »Lady Hamilton«. Es war, dazu braucht man keine ausschweifende Phantasie, keine sehr angenehme Nacht. Hans kochte ab und zu einen Kaffee, ich über-

lebte mit einer etwas eigenartigen Kombination aus Bier
und Tee. Irgendwann graute der Morgen, die Welt sah plötzlich wieder fröhlicher aus, auch die Wellen wurden sanfter,
und wir beschlossen, trotz der bleichen Gesichter unserer
beiden Mitfahrerinnen, auszulaufen nach Palamos, gut
zwanzig Meilen südlich.

Welch ein Gefühl, wenn das Boot in den Hafen gleitet.
Gleich nachdem das grüne Licht steuerbord gerundet ist,
verliert sich die Welle im Nichts, der Wind, kalt, unfreund-
lich und beißend, wird zum lauen Lüftchen. Dort, ja dort ist
noch ein Platz zwischen zwei großen, edlen Yachten. Die
»Lady« wird vorwärts hineinbugsiert zwischen die Festma-
cherpfähle. Schnell raus aus dem Ölzeug, die Klamotten
gewechselt und raus ins nächste Café.

Nun hat der Mensch ein paar Steinchen im Innenohr, sogenannte »Otolithen«, die, zusammen mit dem Gehirn, dafür verantwortlich sind, daß er, wo auch immer er sich gerade befindet, nicht andauernd aus dem Gleichgewicht kommt
und auf die Schnauze fällt. Auf See nun, nach einer welligen
Nacht wie dieser, stellt sich dieses hochkomplizierte Gleich-
gewichtsgefühl auf die obwaltenden Umstände ein und
gleicht jede Bewegung des Schiffes aus, so weit es irgend
geht. (Nicht zu vergessen: Unsere Gehörknöchelchen waren
die Gehörknöchelchen von Greenhorns und verhielten sich
dementsprechend.) Setzt man dann seinen Fuß an Land,
glauben diese blöden Knöchelchen, sie müßten noch ein
paar Überstunden leisten und befehlen dem ihnen anver-
trauten Körper, ganz komische Bewegungen zu vollführen.

Letztlich führte das nach dem Abend vor Estartit dazu, daß ich in der Toilette der Hafenkneipe von Palamos, wo wir das Frühstück einzunehmen gedachten, massive Orientierungsprobleme bekam. Es war nahezu unmöglich, mit dem dafür vorgesehenen Körperteil die Schüssel zu treffen. Ich saß, im wahrsten Sinne des Wortes, daneben, was unangenehm war, weil der Boden natürlich tiefer lag als das hölzerne Rund der Toilettenumrandung. Hatte ich mich dann endlich hochgerappelt, war also voll zentriert so gesessen, wie man halt in solchen Fällen sitzt, mußte ich mich mit beiden Händen an den Wänden abstützen, um nicht an den vorherigen Ort zurückzurutschen. Es gibt Momente, da ist man um enge Toiletten sehr dankbar. Zurück im Café, machte ich dann dem Zustand durch die heftige Einnahme von Sangria und kleinen, in bestem Öl gebackenen Sardinen ein Ende. Man muß sich nur zu helfen wissen.

Genaugenommen gilt für den Segler die wunderbare fernöstliche Weisheit, derzufolge der Weg das Ziel sei, ganz und gar nicht. Das Ziel ist eindeutig definiert: der Hafen. Dort ist es, egal ob in Palamos, Bequia, Naoussa oder dem lärmenden Patras, am allerschönsten. Warum? Kein Streß. Und andauernd Kino außenrum. Uraufführungen. Comedy vom feinsten. Ab und zu auch eine Tragödie. Aber wenn man Tragödien nicht selbst erlebt, machen sie Spaß. Ehrlich.

Viele Jahre nach dem Trip mit der »Lady Hamilton«, Position 37° 08,5' N, 24° 31' Ost: »Runter mit den Lappen!«

Langsam verliert die »Aeolos« an Geschwindigkeit. Routiniert arbeitet die Crew. Wiggerl fiert den Anker ein bißchen vor, die anderen binden die Fender mit einem Webeleinenstek an die Reling, das heißt, sie knüpfen die Bumsbeutel an den Draht, der rund ums Boot läuft, damit beim Einparken die benachbarten Schiffe nicht unseren wunderbar weißen Rumpf zerkratzen (und umgekehrt). Es wird wieder einmal, man sagt so etwas nicht ohne einen gewissen Stolz, ein klassisch griechisches Anlegemanöver werden, mit dem man das Heck der Yacht an die Pier legt, Buganker voraus. Vorwärts auf die Lücke zu (so steht es in keinem deutschen Segellehrbuch), Anker fallen lassen, Boot auf dem Teller drehen, das Ruder hart steuerbord und nicht mehr bewegt, und dann: Ruder mittschiffs, halbe Kraft zurück und rein mit dem Kahn. Einzelheiten sparen wir uns jetzt, aber das sieht schon ziemlich gut aus und recht elegant. Oder »kataplektiko«, wie der Grieche da gerne sagt. Das heißt »scheißgut«. Sei's drum: Das Boot liegt fest. Und jeder an Bord genießt das Gefühl, mit traumwandlerischer Sicherheit den Kahn an den Kai gelegt zu haben – und jene die Anerkennung nur schlecht verbergenden Blicke der umliegenden deutschen Chartersegler.

Sagen wir, es war in Seriphos, der hübschen Insel in den Westkykladen mit der malerischen Chora oben auf dem Berg und mit einem Hafen, der wegen seiner tückischen Fallböen bei Kennern gefürchtet ist.

Die Crew fährt mit dem Bus rauf ins Dorf. Wiggerl und ich bleiben an Bord mit der fadenscheinigen Ausrede, die

Bilgenpumpe säubern zu müssen. Doch der wahre Grund ist: Kino! Comedy!

Es ist gegen vier Uhr nachmittags. Vorhang auf! Da kommen sie herein, die Plastikpötte der Charterfirmen, mit deutschen Kapitänen an Bord, die schon deswegen wie echte deutsche Kapitäne aussehen, weil sie Kapitänsmützen auf den rotgesichtigen Gesichtern tragen. Drei, vier Boote kurven wild vor den letzten beiden Lücken am Kai. Da fällt ein Anker, viel zu weit backbord. Dort schreit einer: »Mensch, Ilse, laß ihn fallen!« Ilse läßt. Doch der Anker fällt nicht. Ist noch festgebunden. »Du bist doch zu allem zu blöd!« Es geht doch nichts über eine nette Kommunikation an Bord. Um das Chaos noch perfekt zu machen, drängt sich eine schlanke Sun Odyssee dazwischen, mit österreichischer Flagge an der Backbord-Saling. »Jo, jetzad owe mit dem Schammhakel!« Was auf gut Seglerdeutsch heißt: Laß fallen Anker. Aber wer sagt das schon. Die Österreicher? Es sieht perfekt aus.

Flott geht die Yacht rückwärts, genau in der Spur. Da sagt einer, zunächst leise, dann immer lauter, dann brüllend: »Vorwärtsgang, he! Vorwärts! Ja, spinnst denn du?« Der Mann am Rohr, er gab Vollgas, wohl meinend, der Vorwärtsgang sei längst eingelegt. Tja. Ein verhängnisvoller Irrtum. Voll Stoff knallte die Yacht gegen die Kaimauer. Die Männer am Vorschiff flogen, brav dem Gesetz der Trägheit folgend, ins Cockpit, der Mann am Anker donnerte, kinetische Energie ist da gnadenlos, gegen den Mast, Plastikfetzen flogen vom Heck durch die Gegend. Die Yacht stand

still, und es herrschte Ruhe an Bord. Eine eigenartige
Ruhe. Dann sagte der Skipper voller Gelassenheit: »Na, so
ganz perfekt wor des no ned.« Wiggerl, einen Ouzo auf dieses Manöver.

Wir luden die Crew auf einen Beruhigungsschluck ein
und erfuhren, daß der Skip dreimal über den Atlantik gesegelt war, zweimal nach Osten, also die harte Tour. Und daß
die anderen auch schon ihre gut zehntausend Meilen auf
dem Buckel hatten. Was war passiert? Die Fliehkraftkupplung hatte geklemmt. Kann ja passieren. Die Schadenfreude, sie wich der Erkenntnis, daß auch unsere »Aeolos« eine
Fliehkraftkupplung besitzt.

Hafenleben. Sitzen und Schauen. Stundenlang. Ein bißchen Spleißarbeit, ein paar angegriffene Enden der Leinen
neu abbrennen und mit Takelgarn nach alten Regeln abbin-
den. Dazwischen: Hier ein Ratsch »Woher? Wohin?«. Dort
eine Leine auffangen, hier eine Spring legen. Wetterbericht
abhören. Mit den Nachbarn diesen Wetterbericht diskutie-
ren. Nichts tun. Nur jetzt keine Zeitung. Keine Nachrichten.
Was macht der Kanzler? Nie war er so wertlos wie heute. Ob
der Fischer vielleicht ein paar kleine, zarte, frische, lebendi-
ge Lobster hat? In Cognacsauce vielleicht? Was soll man
sonst mit dem Metaxa anfangen. Trinken kann man ihn nicht.

Es dauert immer ein paar Tage, bis sich dieses Leben
wieder eingespielt hat. Bis man beim Gehen die Luft auf
den nackten Fußsohlen spürt und es wiederentdeckt, dieses
Gefühl, wenn das Teakholz des Decks die noch zarte Büro-
socken-Hornhaut des Großstadtmenschen streichelt. Es

dauert, bis jene Gelassenheit sich einstellt, die nötig ist für die richtige Entscheidung, was auf und mit dem Schiff zu tun ist. Bis man sich zurücklehnen kann im so lange vermißten Bewußtsein, wieder eins zu sein mit einem Boot, das nun Heimat ist für viele Tage. Na ja, bis man eben auch die Schadenfreude genießen kann, wenn so ein Greenhorn, wie man früher selber eines war, seinen Kahn nicht dazu bringt, geradeaus rückwärts zu laufen, und der Herr Kapitän deswegen seine Frau anbrüllt. Als sei sie schuld, weil Schiffe ja auch weiblichen Geschlechts sind.

Leider habe ich mich vor einigen Jahren von der »Marina« verabschiedet, dieser schönen, alten englischen Yacht, die mich über zehn Jahre lang durch die Ägäis geführt hat. Die »Marina« und ich, wir waren eine Einheit, ein Ehepaar, ein Liebespaar fast, wenn man so will. Und es war jedesmal ein nur Liebespaaren vorbehaltener Höhepunkt, wenn wir zwei nach Naoussa fuhren. Man muß sich das so vorstellen: Natürlich fahren alle Yachten, die irgendwo zwischen Seripos und Naxos kreuzen, irgendwann nach Naoussa, weil dies der schönste Hafen der Welt ist (auch wenn die Crews Lilli nicht kennen, die Tochter von Janis, dem Wirt im alten Hafen von Naoussa, aber das ist eine andere Geschichte). Doch alle, alle, die nach Naoussa fahren – sie müssen im Vorhafen ankern, mit dem Heck an schwer begehbaren Felsen; unbequeme Sache das.

Die »Marina« und ich aber durften, und das hängt nun wiederum mit Lilli und ihrem Vater Jannis zusammen, hinein in den alten Fischerhafen. Als einzige Yacht. Als einzige Nichtgriechen. Nichtfischer. Touristen? Freunde halt. Ein Traum.

Langsam treibt die »Marina« mit zwei Knoten zum Leuchtfeuer des Vorhafens. Dort liegen also an die sieben Plastikschüsseln mit dem Heck zu den Felsen vor Anker. Die »Marina« treibt backbord ums Eck, dort drüben steht Thanassis, der Fischer, dem das rote Kaiki gehört, das die Einfahrt zum alten Hafen versperrt. Ein kleiner Wink, Thanassis wirft den schweren Diesel an, manövriert sein hübsches Boot rückwärts aus der engen Durchfahrt und winkt. »Jassu!« Das heißt in diesem Fall nur »Grüß dich!«.

Nun wird es eng. Die Marina, immerhin gut 13 Meter lang und ziemlich behäbig, schiebt ihre Nase in den alten Hafen. Gang raus, Ruder hart steuerbord. Und nun auf dem Teller gedreht.

Das sollten wir jetzt doch einmal erklären. Es ist ja ein phantastisches Gesetz der Physik, daß man ein Schiff, egal welcher Art, ohne eine Ruderbewegung auf dem Punkt drehen kann. Allerdings nur in eine Richtung. Es hat dies damit zu tun, daß der Wasserdruck stärker wird, je tiefer man kommt. So herrscht also am oberen Angriffspunkt einer Schiffsschraube ein geringerer Druck als dreißig Zentimeter weiter unten, am entgegengesetzten Angriffspunkt. Dieser klitzekleine Unterschied, er hat phantastische Wirkung: Die meisten Schiffsschrauben sind rechtsdrehend, drehen sich also im Uhrzeigersinn. Legt man das Ruder unter Vorwärtsfahrt nach Steuerbord, fährt das Schiff brav nach rechts. Nun aber Rückwärtsgang! Jetzt »schabt« also der Flügel unten im »dichteren« Wasser gegen den Uhrzeigersinn und lupft das Schiff, egal wie groß es ist, nach links. Jajaja, kompliziert, aber eigentlich ganz einfach. Angewandte Physik im besten Sinne. Wenn das Franz Aigner, mein Physiklehrer, liest!

Wie auch immer: Nach fünf Minuten gelassenen Manövrierens liegt die Marina mit der Nase nach Norden und dem Heck zu Jannis' Restaurant im alten Hafen, und wir kommen uns wieder einmal vollkommen zu Recht vor wie die Größten. Jassu Jannis, pou ine Lilli? Wo ist Deine geliebte Tochter?

Und wir erzählen Lilli, ach Lilli, Du Schöne, wir erzählen Dir die Geschichte, wie Wiggerl und ich in Nauplia angelegt haben, mit der Swan damals. Swan? Ja ja, später mehr dazu. Auf jeden Fall waren wir nur zu zweit: der dünne, hagere, ja nachgerade dürre, 1,90 große Wiggerl am Anker, und das Gegenteil mit maximal 171 Zentimetern (am Morgen) am Ruder. Und wieder einmal angelegt, daß Dir die Ohren schlackern. Ohren schlackern? Draußen am Kai steht ein deutsches Ehepaar. Sagt er zu ihr: »Schau, ist das nicht toll. Vater und Sohn in perfekter Harmonie.« Vater, haha, Sohn, juchu! Wiggerl, bring dem Papi mal einen Gin Tonic. Daß ich das noch erleben durfte. Lilli kriegt sich nicht mehr ein vor Lachen.

Die Geschichten – endlos. Der Hafen – Fluchtpunkt, Erlösung, Sicherheit. Hier hast Du Zeit zu spüren: Das ist ein anderes Leben.

Der Hafen, er wurde in allen Sprachen seefahrender Nationen zum Synonym für Geborgenheit. Vom Hafen der Ehe ganz zu schweigen. Der Hafen des Fliegenden Holländers Elsa. Er hat beide nie gefunden. Sein Pech.

Die Lust und Kunst,
ein bißchen schneller zu
sein als der Rest

Helios strahlt auf Hellas nieder mit voller Kraft. Der griechische Gott der Sonne taucht den saronischen Golf vor Athen in jene tiefblaue Farbe, die von den Photographen der Fremdenverkehrsbroschüren so sehr geliebt wird. Drüben in den Restaurants von Mikrolimani, dem kleinen Hafen im Südosten von Piräus, werden Touristen abgezockt. Es ist ein Tag wie im Bilderbuch, wenn man vom Smog in der großen, häßlichen Stadt einmal absieht.

In einer kleinen, feinen Taverne ißt ein Mann Lobster. Vor sich eine Karaffe offenen Weins, »grassi spitiso«, wie die Griechen ihren guten, selbstgemachten Hauswein nennen. Fröhliche Menschen überall, 23 Grad, eine leichte Brise von See. Es ist Griechenland, es ist schön. Der Mann hätte also eigentlich wenig Grund, gar so finster und mißmutig dreinzuschauen. Dieser Mann heißt Willi Kuhweide, ist von Beruf Lufthansapilot und hat eben, wir schreiben September 1977, die Europameisterschaft in der Soling-Klasse verloren. Eine schwere Niederlage für den Goldmedaillengewinner von Tokio, eine herbe Enttäuschung; eine kleine taktische Fehleinschätzung hat den Manne die Kanne gekostet, die er fest für seinen Pokalschrank eingeplant hatte.

Drüben, dort, wo gerade die schlanken Solings, diese rasanten Drei-Mann-Rennyachten, auf die Hänger gehievt werden, stößt ein Mann einen sehr bayerischen Juchzer aus. Die Champagnerflasche kreist, gefolgt von Weißbier aus der Heimat. Fritz Geiß, der wilde Hund vom Chiemsee, hat dem vornehmen Hanseaten das Heck gezeigt.

Spätestens jetzt hört normalerweise der deutsche Leser auf. Was soll das? Heck gezeigt. Soling-Klasse. Taktischer Fehler. Schauen wir lieber Fußball. Um die Wette segeln ist doch nichts anderes, als unter der Dusche zu stehen und im Sekundenabstand Hundert-Mark-Scheine zu zerreißen. Das ist ein beliebtes Bild, wenn Laien übers Regattasegeln sprechen. Ein Vorurteil?

Wer nicht selbst segelt, wird schwer verstehen, was in Willi Kuhweide trotz Wein und Lobster gerade vorging. Nie hätte er verlieren dürfen; war in den vorhergegangenen sechs Rennen immer vorne mit dabei; sein Punktekonto vor der letzten Wettfahrt wies ihn als sicheren Sieger aus. Vorausgesetzt, sein härtester Widersacher, dieser mit allen Wassern gewaschene Fritz Geiß, als Binnensegler ein Spezialist für leichte Winde, landete nicht weiter vorne im Feld als auf dem dreizehnten Platz. Kuhweide hatte noch ein Streichresultat gut, Geiß dagegen war in einem vorausgegangenen Rennen wegen eines gerissenen Fockfalls zur Aufgabe gezwungen worden, hatte also keinen »Streicher« mehr. Das ist großes Regatta-Einmaleins.

Kuhweide versuchte also vom Start weg, den Gegner zu decken, ihm den Wind so wegzunehmen, so daß der andere keine Chance hat, im Vorderfeld mitzufighten. Noch heute ärgert sich Fritz Geiß über diese nicht besonders faire Methode seines Konkurrenten. Immer wieder hatte er es versucht, hier eine Wende angetäuscht, dort eine überraschende Halse. Doch Kuhweide klebte am Feind wie Klette. So überquerten beide unter »ferner liefen« die Ziellinie, Geiß war 19. geworden. Hatte also verloren. Bis dann plötzlich das Schiedsgericht elf Boote vor ihm wegen Frühstart aus der Wertung nahm. Da war er plötzlich achter. Und Europameister. »Wir wollten siegen, und wir haben gesiegt«, sagt Fritz Geiß heute.

Was damals, siehe Mann mit Lobster und Wein, ja auch gelungen ist.

Langweilig? Man kriegt feuchte Hände schon beim Zuschauen – wenn man Segler ist. Doch man hat selten die Chance, solch einen Wettkampf zu verfolgen. Im deutschen Fernsehen, auf allen privaten Sportkanälen hierzulande, hat Segeln den Rang von Zwergenweitwurf oder Tischfußball.

In Frankreich feiern die Städte die »Tour de France« der Segler (die gibt es wirklich) fast wie die der Radler. In Australien lernt nahezu jeder, der am Meer wohnt, die Regattaregeln fast schon im Kindergarten. Von Neuseeland ganz zu schweigen. Als der Amerikaner Dennis Conner den Americas Cup, das teuerste Rennen der Welt, an die Australier verlor, heulte das ganze Land. Und als derselbe Conner dann vier Jahre später die Kanne wieder zurückeroberte, war er beliebter als der Präsident und McDonalds zusammen. Nur in Deutschland herrscht Flaute an der Segelfront. Obwohl es eine ganze Reihe Medaillengewinner und Weltmeister gibt hierzulande, obwohl Deutschland dreimal den Admirals-Cup gewonnen hat, die inoffizielle Weltmeisterschaft der Hochseesegler. Der Freund der windbetriebenen Fortbewegung, er ist ein Außenseiter in der Sportwelt. Und außerhalb davon erst recht.

Olympia 96. Letzter Tag in und um das Coca-Cola-Fest von Atlanta. Ein Sonntag. Die letzte Medaille wird vergeben vor Savanna, dem Segelrevier dieser Spiele. Der Fernseher in der Kulturredaktion einer größeren süddeutschen Tageszeitung läuft ohne Ton. Da! Sie schalten um, endlich, zum Segeln. Deutschland gegen Rußland, Jochen Schümann gegen Georgi Schaidako. Ton laut, Ruhe hier! Es bahnt sich ein Drama an in diesem Match-Race um die Goldmedaille, in dem immer nur zwei Boote gegeneinander segeln. Silber hat er also schon, der kühle Blonde mit der Windnase. »Mein Gott, das nervt vielleicht.« Die Frau Kollegin ist weder mit der Programmauswahl noch mit dem Ton einverstanden. Sie ist, auch wenn sie das nicht gerne hört, hier repräsentativ für vielleicht 98 Prozent der Deutschen. Die anderen zwei Prozent geben in solchen Situationen gewöhnlich auf, greifen zum Kopfhörer und wandern in die Sportredaktion (wo sie sich des Spotts der Fußball-Fachleute erwehren müssen).

Vielleicht liegt es daran, daß viele Menschen einfach nicht wissen, wie es funktioniert. Klar, wer als erster ankommt, ist (in der Regel) der Sieger. Was aber dazugehört, um als erster anzukommen, ist so komplex und vielschichtig, daß es schon eine Weile dauert, bis man all die Finessen dieses Sports versteht. Es geht hier nicht nur um die Kraft, die man braucht, um ein Segel möglichst schnell dichtzuholen. Es geht nicht nur um die Konzentration, die man braucht, um eine dreistündige Regatta lang so wenig Fehler wie möglich zu machen. Es geht nicht nur um »Schach auf dem Wasser«, also darum, jeden taktischen Zug der vielen Gegner auszurechnen und Gegenmaßnahmen zu ergreifen. Es geht darum, all dies zu koordinieren, und zwar besser als die anderen. Man kann sich vielleicht vorstellen, was es heißt, wenn bei einem der letzten Whitbread-Rennen, einer Regatta der schnellsten Boote rund um die Welt, auf der zweiten von drei Teilstrecken, der von Kapstadt nach Auckland in Neuseeland, die erste Yacht der zweiten ganze 28 Sekunden abgenommen hat. Nach 28 Tagen.

Normalerweise aber fährt man nicht von Kapstadt nach Auckland, sondern ein sogenanntes olympisches Dreieck. Und das dauert meist nur ein paar Stunden. Gestartet wird exakt gegen den Wind zu einer festen Zeit, die über Flaggenzeichen und Schuß zehn Minuten vorher angezeigt wird. Dann also kreuzen gegen den Wind bis zur ersten Tonne, um diese außen herum und auf die nächste zu, die sozusagen die Spitze eines gleichschenkligen Dreiecks ist. Auf diesem Kurs kommt der Wind dann logischerweise leicht von hinten, also die Segel aufgefiert (eventuell den Spinnaker gesetzt), und ab geht die Wutz. An der zweiten Tonne wird gehalst, also mit dem Heck des Bootes durch den Wind gegangen, und wieder geht es weiter mit raumen Winden bis zu der Boje an der einstigen Startlinie. Dann wieder die Kreuz, zum ersten Faß, geradeaus zurück mit Wind genau von achtern, noch ein ganzes Dreieck, und dicht geholt zum Zielkreuz, wo die erste Tonne und das Regatta-Leitungsboot die Ziellinie bilden. Es ist vielleicht nachvollziehbar, daß sich auf solch einer Strecke schon was tut. Beim vorher erwähnten Match-Race, bei dem immer nur zwei Boote nach K.O.-System gegeneinander fahren, geht's nur gegenan und geradeaus wieder zurück. Ich finde das ein bißchen schade.

Ja, und dann wären da noch die Vorfahrtsregeln. Sie gelten eigentlich immer beim Segeln, was vor allem auf den bayerischen Seen (ja ja, auf dem Wannsee auch) am Wochenende von Vorteil ist, wenn es hier bei schönem Wetter so voll ist wie am ersten Samstag auf dem Oktoberfest. (Davon, daß nur gut die Hälfte der Segler hier oder am Wannsee diese Regeln kennt, wollen wir jetzt und hier nicht sprechen.) Dabei ist das Prinzip so einfach: Wer das Großsegel auf der Backbordseite fährt, also links, hat Vorfahrt vor dem mit dem Groß auf der Steuerbordseite. Haben beide aufeinander zufahrenden Schiffe die Segel auf derselben Seite, hat der Wegerecht, der härter am Wind ist. Beim Regattasegeln kommen da noch ein paar Kleinigkeiten hinzu – zum Beispiel die, daß zwei Bootslängen vor der Boje die letzte Regel außer Kraft ist, aber das würde jetzt zu weit führen.

Zwei Bootslängen vor der Boje? Es segelte einmal der wunderbare 22er-Schärenkreuzer »Belle Epoche« mit einer Mannschaft sehr unterschiedlichsten Charakters auf dem Starnberger See ein solches Rennen mit. Der Eigner und Skipper dieser schlanken, etwa zehn Meter langen Jacht: ein Arzt der vornehmeren Sorte. Mit dabei: sein Sohn und ein junger, engagierter Regatta-Freak, der ein bißchen bei der Taktik helfen sollte. Das tat der dann auch. Beim Luv-Faß (der ersten Tonne) düste so ein frecher Kerl mit seinem Drachen daher, härter am Wind, aber die »Belle Epoche« war längst innerhalb des Zwei-Boote-Radius. »Raum, du Arsch!« brüllte der Knabe. Der Herr Doktor war pikiert. Man brüllt nicht »Arsch« auf seinem Schiff. Der junge Mann segelte nie wieder auf der »Belle Epoche«. Obwohl sie, dank einiger kleiner Ratschläge seinerseits, damals dritte geworden waren im Feld der 74 Boote. Und der Drachen nur zwölfter.

Daß Annebärbel nicht seine Freundin geworden ist, lag nicht am Segeln, sondern an anderen ungünstigen Umständen. Denn eigentlich hätten die beiden ein Traumpaar abgegeben. Zumindest auf dem Wasser. Denn Annebärbel hatte, neben einigen anderen sehr netten Eigenschaften, etwas, das wenigen Menschen zu eigen ist: eine unglaubliche Nase für den Wind. Die Eltern sind Segelnarren und haben ihr ein gutes Stück dieser Narretei mitgegeben auf die DNS. Also saß Annebärbel schon mit sieben Jahren, eingepackt in Ölzeug und Schwimmweste, im Optimisten, dem kleinen Kinderboot mit dem lustigen Gaffelsegel. Und später dann, als ihre Klassenkameradinnen anfingen, sich an den Wochenenden auf dem Gepäckträger der Mopeds von pickeligen Führerschein-Frischlingen durch die Stadt und übers Land fahren zu lassen, da düste Annebärbel raus zum Yachtclub, legte ihren Laser von der Persenning frei und lehrte die Burschen bei den Regatten das Fürchten.

Annebärbel ist klein und zart. Ein Laser, diese 4,23 Meter lange und Gott sei Dank endlich olympische Jolle, kann bei viel Wind zu einem echten Geschoß werden. Es waren Club-Meisterschaften ausgeschrieben. Ehrensache für Annebärbel, nicht nur den »Lady's Cup« zu holen, sondern im Feld ganz vorne mitzumischen. Alles war bestens vorbereitet, das Unterwasserschiff mit Bohnerwachs eingerieben, um den Wasserwiderstand möglichst gering zu halten, und auch das Schwert, das das Boot auch am Wind auf Kurs hält wie bei einer Yacht der Kiel, flutschte sauber raus und rein. Der Wetterbericht sagte Föhn voraus. Das war nun wiederum nicht so toll für die kleine Annebärbel. Denn Föhn hieß: viel Wind. Und da sind nun mal die schweren Jungs besser dran.

Daß es aber gleich so dick kommen würde, hatte Annebärbel nicht erwartet. Unmittelbar nach dem Start, der so schlecht gar nicht war, eine kleine Winddrehung nach Lee, und schon lag der Laser auf dem Ohr, also mit dem Segel im Wasser. Fluchend stand Annebärbel auf dem Schwert, um den Kahn wieder aufzurichten, das Wasser rauszusegeln und hinter der Meute herzujagen. Doch es war nicht ihr Tag.

Dreizehnmal ließ sie ihr Schiff kentern. Dreizehnmal stellte sie es wieder auf, immer müder werdend und wütender, Tränen der Enttäuschung weinend. Sie wurde zwar letzte an diesem Tag. Doch sie hatte nicht aufgegeben.

Annebärbel ist mittlerweile stolze Mutter von drei Knaben. Der Älteste ist so um die sechs. Neulich habe er, sagt Annebärbel, zum erstenmal in einem Optimisten gesessen. »Der hat das sofort kapiert.« Und Annebärbels Augen leuchten das berühmte Leuchten, wenn Mütter stolz sind.

Auf der Flucht vor
dem Rächer

Geschwinde, geschwinde!
Es teilt sich die Welle,
Es naht sich die Ferne,
schon seh' ich das Land!
Johann Wolfgang von Goethe

Rechts oben ein Kürzel nur für Seefahrer. 1080 sm. »sm«
steht für Seemeilen, eine Seemeile entspricht 1,852 Kilometer. 1080 Seemeilen sind demnach 2000,16 Kilometer.
Luftlinie München-Faröer Inseln, zum Beispiel, oder
München-Leningrad oder München-Kreta. Oder Luftlinie
Marmaris-Pylos-Ashkelon. Rechts oben auf dem Wettfahrt-
bogen des Ecker-1000-Meilen-Race steht: 1080 sm.
350 Seemeilen von Marmaris an der kleinasiatischen Küste
der Türkei bis nach Pylos am Südwestende des Peloponnes.
730 Seemeilen dann von Pylos weiter nach Ashkelon in
Israel, in Sichtweite des Gaza-Streifens gelegen. Am
24. Oktober 1995 um 11 Uhr Weltzeit starten 67 Segelboote, um die Distanz von 1080 Seemeilen in möglichst
kurzer Zeit hinter sich zu bringen. Das schnellste benötigt
insgesamt 187 Stunden und 56 Minuten plus 3,45 Strafstunden, das langsamste elf Tage, 3 Stunden und 56 Minuten und kriegt noch jede Menge Strafstunden aufgebrummt.
sm – ein Kürzel für Verrückte?

Blond ist der Held, brav, hilfsbereit und gut. Lieblingsschwiegersohn, Schwarm der Mädchen, geachtet auch von den Gegnern. Ein Held wie aus dem klassischen Western, der Gute mit dem weißen Hut. Gunnar ist sein Name.

Schwarzhaarig ist der Rächer. Unrasiert, nie ohne Kippe zwischen den Lippen. Lauernd sein Blick. Ungeliebt, von manchen sogar gehaßt. Ein Mann ohne Freunde, doch gefürchtet ob seines Könnens. Ein Bösewicht wie aus dem Western, fehlt nur noch der schwarze Hut. Landgraf ist sein Name. Keiner nennt seinen Vornamen.

Der Kampf Gunnar gegen Landgraf – 1080 Seemeilen Licht gegen Finsternis, gut gegen böse, »Hookipa« gegen »Lady Angeliki«. Die Hookipa ist Gunnars Boot, ein ziemlich gewöhnliches Segelboot mittlerer Größe ohne aufwendige Extras (Gib Sea 442), wie es jeder Tourist mit ein bißchen Knowhow im Sommer von Insel zu Insel segeln kann. Landgrafs Lady Angeliki dagegen: eine nervöse, hochsensible Rennziege (eine X-412), am obersten Limit der Beschränkungen für das Ecker-1000-Meilen-Rennen.

Die Wetterkarte für den 24. Oktober zeigt im Westen des Mittelmeeres ein nicht allzu heftiges Tiefdruckgebiet und ein Hoch über dem Balkan. Das verspricht Wind. 67 Boote kurven nördlich der Startlinie und warten auf den Schuß. 67 Mannschaften aus Österreich, Deutschland, der Schweiz und Holland. 67 Mannschaften unterschiedlichster Zusammensetzung, die nur eines gemeinsam haben: Sie segeln ein 1000-Meilen-Rennen für Amateure, in dem es nichts zu gewinnen gibt außer ein paar Pokalen.

Da ist zum Beispiel die »Green Spleen« unter Skipper

Johann Krupa: sechs junge, ehrgeizige Jollensegler aus Österreich, die mit der schlanken, kleinen, nur elf Meter langen Diva den Favoriten das Fürchten lehren wollen. Da ist zum Beispiel die »Annabella«, eine stinknormale First 45 F5. Chef im Cockpit: Heinz Neumann, zentnerschwerer Mittelpunkt eines Kombinats aus Oberösterreich, mit dem er normalerweise ökologischen Gartenbau betreibt, und der hier mit fünf Frauen aus dieser Gemeinschaft (und nur mit fünf Frauen) auf Fahrt geht.

Oder nehmen wir die »Chou-Chou«, eine Sunshine 38, also wieder so ein Winzling. Vier ältere Herren aus Hamburg haben einen jungen Regatta-Spezialisten aus ihrer Heimat angeheuert, damit er ihnen helfe, die Phalanx der Südländer aus Österreich, Bayern und der Schweiz zu durchbrechen. Oder die »Korifo«, auf der Vater und Sohn ganz alleine gegen die Übermacht segeln. Vater und Sohn und 1080 Meilen Einsamkeit – eine besondere Art der Bewältigung des Generationenkonflikts? Nicht zu vergessen die »Mescalito«, die die Mannschaft ganz einfach in »Kroatia« umgetauft hat. Aus gegebenem Anlaß: Hier segeln neun Männer aus Zadar unter dem Kommando des Brustkrebs-Chirurgen Zelimir Kulisic nicht nur um den Sieg, sondern auch um die Anerkennung ihres jungen Staates.

Sternklar ist die Nacht. Im Nordwesten verschwindet langsam der Große Wagen. Ein kräftiger Wind treibt das Schiff vorwärts. Vorbei an den Pretiosen der Ägäis, vorbei auch an den Touristenhochburgen Griechenlands. Zeit zum Nachdenken. Warum fährt ein Segelboot vorwärts? Klar, wenn der

Wind von hinten kommt, geht's ihm wie dem Brotkrümel, den man vom Tisch auf den Teppich bläst. Doch wenn der Wind von vorn kommt wie jetzt? Welche Wunder der Physik, daß die Liebe der Luftteilchen zueinander jenen aerodynamischen Effekt auslöst, der Segelboote im Winkel von 35 Grad gegen den Wind fahren, der Gleitschirme und Jumbos fliegen läßt. Weil sich Luftteilchen, die sich an der Vorderkante des Segels trennen müssen, dahinter wieder vereinigen wollen, weil dadurch auf der Vorderseite des Segels ein Überdruck, auf der Hinterseite ein Unterdruck entsteht, weil also das hintere Teilchen einen weiteren Weg zurücklegt als sein Freund auf der inneren Seite, entsteht jener Sog, der uns jetzt nach Pylos zieht. Segeln – eine phantastische Errungenschaft menschlicher Intelligenz, herrschen über die Elemente; wir machen den Wind zu unserem Diener.

Carla Schenk sagt: »Schau, Bobby, da ist ein Halo.« Carla und ihr Mann, der Münchner Amtsrichter Bobby Schenk, sind Deutschlands derzeit berühmteste Weltumsegler. Sie sind mit auf dem Regatta-Begleitschiff, dem 50 Meter langen Rahsegler »Amorina«, weil Bobby am Zielort als Oberschiedsrichter über eventuelle Proteste und Zweifelsfälle urteilen soll. Bobby und Carla wissen, was ein Halo zumindest in der Karibik oder im Indischen Ozean bedeutet: Hurrikan. Jetzt, achtzig Meilen östlich von Kreta, mit Kurs 106 Grad Richtung Israel, mitten im Mittelmeer, lächeln alle ein bißchen über Carla und ihr Halo, diesen Ring aus gefrorenen Wasserteilchen der ganz hohen Zirren-Wolken.

Kurze Zeit später wird der Süden grau, dunkel, düster.

Die Sonne verschwindet, ein erster Windstoß erschüttert das Schiff. Dann tobt die Hölle. Wellen brechen, Gischt zischt waagerecht und meterhoch über die Wasseroberfläche mit jener marmornen Struktur, die Orkanstärke verrät. Blitze jagen unmittelbar vor, neben und hinter dem Boot ins Wasser, zwei Mann schweben beim Bergen der letzten Segel der Amorina fast waagerecht in der Luft, bevor sie auf den Boden knallen. Ohne Rettungsgurte wären sie längst in der tobenden See verschwunden. Beklemmende Stille an Bord. Jeder denkt an die 67 kleinen Yachten draußen in der Dunkelheit. Die Elemente zeigen dem Menschen, wie klein er ist. Der Wind ein Diener? Nein. Herrscher über Leben und Tod.

Es ist dies der Tornado, der Anfang November des Jahres 1995 übers ganze Mittelmeer nach Norden gezogen ist, allein in Ägypten 500 Menschenleben gefordert und Norditalien verwüstet hat. Auf den 67 Booten im Feld gibt es zwar jede Menge zerrissene Segel, doch dank hervorragender Seemannschaft keinerlei ernsthafte Verletzungen. Nach einer Stunde ist der Spuk vorbei.

Dann quäkt um 1.32 Uhr das Funkgerät auf Kanal 72. Die Hookipa hat gerade eine letzte Meldung aufgefangen, derzufolge im Moment auf der »Sarita« der Mast breche. Skipper Alois Sulzer, als Chefkameramann des ORF beim Rennen dabei, kann gerade noch schnell seine Position absetzen, dann ist Schluß mit dem Funkkontakt. Die Hookipa? Genau. Das Pferd des edlen Reiters Gunnar, der sich nach einigen Problemen auf den ersten hundert Meilen der zweiten Etappe nun ganz nach vorne geschoben hat. Gunnar weiß, was Mastbruch auf hoher See bedeutet. Bis nach Port Said sind es 80 Meilen, nach Limassol auf Cypern etwa 70, das Ziel Ashkelon ist noch 200 Meilen entfernt. Mit dem Mast ging auch die GPS-Antenne auf der Sarita zu Bruch. GPS ist ein hocheffizientes Navigationssystem, das den Sextanten zur Ortsbestimmung (fast) ersetzt. Gunnar dreht um. Jagt sieben oder acht Meilen zurück, findet auf dem Radar die Sarita, fährt dicht ran und übergibt ein kleines GPS-Handgerät. Nach einer weiteren Stunde hat Gunnar die ursprüngliche Position wieder erreicht. Der Sieg ist um zweieinhalb Stunden weiter weg. Von der Lady Angeliki des schwarzen Rächers Landgraf gibt es zu diesem Zeitpunkt keine Positionsangabe.

Am nächsten Morgen dann wieder Hektik am Funk. Die Mescalito/Kroatia meldet, auf der »Condor«, die hundert Meilen hinter der Amorina liegt, habe der Skipper einen Magendurchbruch erlitten. Magendurchbruch, das weiß jeder an Bord, muß sofort operiert werden. Rennleiter Wolfgang Legenstein funkt Israel Navy an. Israel Navy schickt einen Helikopter los. Doch die Condor liegt immer noch in schwerem Wetter. Der Pilot kann das Boot nicht anfliegen. Da düst von Norden die Regattayacht »Messalina« auf die Condor zu. Am Bord ist ein angehender Arzt. Er steigt über (bei immer noch sieben Windstärken ein fast lebensgefährliches Kunststück). Per Funk Bestätigung des Verdachts. Der Frachter »Kamelia« ist gerade an der Condor-Position vorbeigezogen. Pan-Pan-Ruf, die letzte Notrufstufe vor

Mayday, der Frachter dreht bei, per Beiboot wird der Todkranke übergesetzt, die Kamelia läuft volle Kraft voraus auf Haifa zu, ein Schnellboot der Israel Navy kommt ihr entgegen, nimmt den fast bewußtlosen Patienten und den jungen Arzt auf und rast in den Hafen. Der Mann überlebt.

Die Idee, Freizeitseglern die Herausforderung einer Hochseeregatta anzubieten, wurde irgendwann Ende der achtziger Jahre, so genau weiß das keiner mehr, im österreichischen Innviertel, genauer gesagt in Ried, und noch genauer, dortselbst im Keller des Wirtshauses vom Hafner Pauli geboren. Sie hat viel zu tun mit dem Minderwertigkeitskomplex der Österreicher, die als Binnenländler zum Beispiel von den hanseatischen Wasserratten seit jeher von oben herab belächelt werden. Sozusagen aus kollektivem Trotz heraus wuchs in der Alpenrepublik ein Heer hochqualifizierter Fahrtensegler heran, die, um es denen dort oben zu zeigen, geradezu besessen Navigation büffelten, in Skippertrainings den komplizierten Umgang mit hunderttausend Mark teuren Yachten übten und überraschend schnell das insgesamt bedauernswert schlechte seglerische Niveau des östlichen Mittelmeerraumes deutlich anhoben.

Kurt Ecker aus Ried, Workaholic, Kettenraucher, wahrer Segelfanatiker und mittlerweile führender Bootsvercharterer in Österreich, rief dann also den Ecker-Cup ins Leben, ein Rennen, das seit 1989 jeweils im Spätherbst eine Armada von Booten über mindestens 1000 Meilen in entlegene, oft politisch brenzlige Gegenden des Mittelmeeres führt. Zweimal nach Alexandria, zweimal nach Tunesien und jetzt also nach Ashkelon, einem aufstrebenden jungen Ort alter Kreuzfahrergeschichte in Israel, gerade zehn Kilometer vom Gaza-Streifen entfernt. Auch in diesem Jahr reicht das Budget von etwa 650 000 Mark nicht einmal aus, um die Kosten zu decken. Dafür kann das Unternehmen Ecker-Cup für sich geltend machen, das mittlerweile größte seglerische Ereignis des gesamten Mittelmeerraumes zu sein. Auch wenn, um den Charakter des Fahrtensegelns zu bewahren, keine Spinnaker gefahren werden und statt dessen jedes Boot insgesamt 13 Stunden lang (von einer speziell entwickelten Black Box überwacht) unter Maschine fahren darf. Daß jedes einzelne Schiff je nach Größe und Ausrüstung einen speziellen Ausgleichsfaktor hat, ist bei Regatten dieser Art internationale Norm. Wie auch immer: Der Minderwertigkeitskomplex der Älpler wurde von Jahr zu Jahr, von Cup zu Cup geringer.

Zieleinlauf in Ashkelon. Wo bleibt der blonde Held, wo steckt der schwarze Rächer? Die ersten Boote, sie haben das Motor-Limit auf der Flucht vor den Stürmen weit überschritten. Dann, sechseinhalb Stunden später auf Kanal 72: »Regattaleitung für Hookipa.« Gunnar meldet sich an: Noch drei Meilen, dann trötet die Sirene, die Hookipa ist im Ziel. Verhaltener Jubel bei Gunnars Mannschaft. Wo ist Landgraf?

Der kommt, spätnachts, bleich, doch hoffnungsfroh, denn er ist, wie er später sagen wird, »gesegelt wie der Teufel«, um die falsche Routenwahl südlich um Kreta herum wieder wettzumachen. Es reicht für Landgraf nur zum Klassensieg, jetzt sagen auch alle wieder Heinz zu ihm.

Doch eigentlich liegt die Chou-Chou vorne, jener Winzling mit den vier älteren Herren aus Hamburg. Eigentlich. Denn das Schiedsgericht entscheidet: Gunnar bekommt die zwei Stunden Hilfeleistung für die Sarita gutgeschrieben. Das reicht. Gunnar sagt: »Nicht ich habe gewonnen, sondern die Seemannschaft.« Die Mannschaft der Chou-Chou applaudiert. Heinz Landgraf auch.

Angst plus Angst
macht noch mehr Angst

Wir sind nur noch müde. Erschlagen, ausgelaugt, müde. Die Augen brennen vom im Sturm angetrockneten Salz, unter dem Ölzeug hat sich eine ätzende Feuchtigkeitsschicht aus Schweiß, Regen und Meerwasser gebildet. Die Finger sind verkrampft vom stundenlangen Rudergehen und von der Arbeit an den Winschen. Das war kein Spaß in den letzten acht Stunden. Selten haben wir uns über die beiden Hafenleuchtfeuer von Amorgos so gefreut wie diesmal. Geschafft. Acht Stunden für 21 Meilen, das nervt. Segeln ist Scheiße. Und ich bin der größte lebende Trottel, weil ich mir das antue.

Anker fallen, rückwärts rein ins Loch zwischen zwei Plastikschachteln. Leinen fest. Gin Tonic. Hurra, wir leben noch.

Eine Situation, wie sie immer wieder passiert. Weil eben auf dem Meer Dinge passieren, die der Wetterbericht nicht berichtet hat. Wir haben seit einer Woche hartes Wetter. Und das im Frühjahr, weit vor der Meltemi-Zeit. Und das auf der Strecke von Rhodos nach Athen. Kurs grob Nordwest, Wind grob aus Nordwest. Wind? Verdammte sieben Beaufort jeden Tag.

Der kleine Hafen Katapola ist voll. Die meisten Skipper haben zwei Anker ausgebracht, denn die Fallwinde von den

Bergen sind tückisch hier in Amorgos. Sie sitzen in den Kneipen und trinken Bier, haben sicherlich gespannt zugeschaut, wie wir hereingekommen sind und angelegt haben, so wie man eben schaut, damit es keiner merkt, daß man schaut.

Ein kleiner Spaziergang den Kai auf und ab. Hier ein erstes Nicken, dort ein »hi«. Drüben im Kapheneion fragt einer: »Wie war's draußen?« Die Antwort »beschissen« registriert der Mann mit resigniertem Lächeln. »Das geht hier seit Tagen so.« Ich weiß.

Und ich weiß auch, was jetzt kommen wird in den nächsten 20 Stunden. Die Skipper werden immer wieder das Fernglas nehmen, sie werden langsam, als könne sich in der kurzen Zeit, in der sie nach dem Fernglas greifen, die Wetterlage noch ändern, ans Ende des Hafens schlendern und rausschauen. Draußen ist es weiß. Weiße Gischt auf den Kämmen der meterhohen Wellen, die vor Amorgos immer noch ein bißchen höher sind als anderswo. Und mit einem Fluch zwischen den Zähnen werden sie zurückgehen auf ihre Schiffe und noch ein Bier aufmachen. Oder sonst was.

Man wird um 18.55 die Frequenz der Deutschen Welle einstellen auf dem Kurzwellenempfänger und hoffen, daß der Seewetterbericht für das Mittelmeer endlich ein bißchen freundlicher ausfalle. Man wird, wenn man's kann, die griechischen Wettervorhersagen ausfindig machen und deren grauenhaftes Englisch zu übersetzen versuchen. Man wird vielleicht mit Fischern reden, in gebrochenem Griechisch fragen: »Poso Beaufort ine avrio?« Und der Fischer wird mit den Schultern zucken und antworten »Efta, ochto.« Was sieben oder acht bedeutet. Und man wird wieder auf das Schiff zurückgehen und eine Dose Bier aufmachen. Oder sonst was.

Ich weiß, wie das ist. Und ich weiß, daß ich mich diesem Sog der Hoffnungslosigkeit nicht werde entziehen können. Je länger man bleibt, desto schlimmer werden »efta, ochto« Beaufort. Ich werde schlecht schlafen, nicht nur, weil die Fallböen das Schiff schütteln und durch die Wanten pfeifen wie böse Geister. Ich werde schlecht schlafen, weil die Crew vielleicht nervös werden könnte, weil es bis an das Südende von Paros doch gute 35 Meilen sind. Weil Athen noch viel weiter weg ist. Weil das alles eigentlich keinen Spaß macht.

Und ich weiß, daß wir hier raus müssen am nächsten Tag. Sonst werden wir verrückt.

Am nächsten Morgen wandern die Skipper, das Fernglas in der Hand, wieder zum Ende des Hafens. Und sie zucken die Schultern, gehen zurück auf ihr Schiff und machen sonst was auf. Wir aber gehen gepflegt frühstücken und ziehen dann die Ölsachen an. Wenn wir jetzt nicht fahren, fahren wir nimmermehr. Das Schiff wird sauber aufgeräumt, alles wird verstaut, die Way-Points werden auf dem Navigationsschirm eingetippt und zusätzlich auf der Karte markiert. Alle Daten werden nochmals überprüft, der Ölstand im 70-PS-Diesel wird gecheckt. Und dann heißt es: Leinen los, Anker auf. Und die Skipper schauen uns zu, irgendwie, so denke ich, ein bißchen neidisch. Dabei hat es doch bloß sieben oder acht Beaufort. Das haben wir doch schon so oft geschafft.

Es wird – wenn das die anderen wüßten! – ein harter, aber wunderbarer Segeltag. Gutes Schiff, gute Leute. Tschüs, Amorgos. Bis zum nächsten Jahr.

Ciao, Peter – Gedanken an einen guten Freund

Peter hatte den Gang der Fischer von Naoussa. Jeder Schritt war Gelassenheit. Jede Bewegung war geprägt von Lust an der Entspannung. Das ist eine andere Art von Gelassenheit, als sie zum Beispiel die Schwarzen von Bequia, Martinique oder St. Lucia den Touristen gerne zeigen, dieser Groove in jedem Schritt, ein sich Wiegen im Reggae-Rhythmus, auch wenn nichts zu hören ist. Die Fischer von Naoussa aber gehen anders. Sie sind die Könige der kleinen Stadt im Nordosten der griechischen Insel Paros, und sie wissen das. Da mögen die Saison-Geschäftemacher aus Athen, die Schmuckhändler und Eisverkäufer, die Autoverleiher und Diskothekenbesitzer noch so viel Geld mit der Idylle abzocken, die Fischer von Naoussa sind die Herrscher des Hafens. Und ohne den Hafen, vielleicht den schönsten im ganzen Mittelmeer, gäbe es keine Schmuck- und keine Eisverkäufer, keine Autoverleiher und keine Diskothekenbesitzer. Und Peter ging so wie diese Fischer.

Peter war Skipper und Eigner einer respektablen Trinidad, eines Schiffes also, das Anfang der achtziger Jahre bei nicht ganz verarmten Chartertouristen sehr beliebt war. Und er hatte sich damit nicht nur einen Traum erfüllt. Peter war die Flucht gelungen. Die Flucht aus einem Job bei einem großen deutschen Elektrokonzern, der den begabten jungen Ingenieur aus München nach dem Studium gerne angestellt hat, um ein wenig oder auch ein bißchen mehr aus seinem Kopf und Leben herauszupressen.

Nicht daß Peter die Zeit damals als aufstrebender Elektronikfachmann nicht genossen hätte. Die Anerkennung der Vorgesetzten, die kleine Prämie am Ende des Jahres für besonders engagierten Einsatz, die Reisen rund um die Welt, um irgendwelchen Kunden irgendwelche Funktionen irgendwelcher Bauteilchen für Telefone zu demonstrieren. Peter war gut in seinem Job. Und als er mit 38 Jahren einen kleinen Herzinfarkt erlitt, sagten alle in der Firma: Mach halt ein bißchen weniger, erhol Dich gut. Und sein Chef riet ihm, in Kur zu gehen, damit er bald wieder fit würde, für die Bauteilchen.

Peter ging brav nach Höhenried am Starnberger See, in eine sogenannte Rehabilitationsklinik, wo sie die Herzkranken wieder aufbauen für den Rest des Lebens. Das Dumme war nur, daß unweit dieser Wiederherstellungsinstitution ein kleiner Hafen lag mit hübschen Segelbooten drin. Und bei einem Spaziergang runter zur Marina von Bernried fragte Peter, ob man nicht so ein kleines Boot leihen könnte. Man konnte.

Peter hatte irgendwann einmal gelernt, was Luv und Lee ist und wie man die Großschot fiert, um das Segel so zu stellen, daß das Boot vorwärts fährt. Und so fuhr er also hinaus, der Rekonvaleszent, und fand das alles ganz wunderbar. Peter beschloß an diesem Tag, richtig segeln zu lernen.

Und er beschloß, daß Bauteilchen für Telefone von nun an nicht mehr zu seinem Leben gehören sollten.

Ich habe Peter im Hafen Nummer vier von Glyfada kennengelernt. Nahe dem einstigen Nobelvorort von Athen, in dem Oriana Fallacis berühmtes Buch ›Un Uomo‹ beginnt, haben sie die Häfen der Einfachheit halber numeriert. Für poetische Namen ist keine Zeit mehr hier in Athen. Peter wienerte gerade seine Trinidad, die drei Häuschen weiter lag als unsere Nicholson 44 namens »Marina«. Und wie es sich so ergibt im Hafen, fingen wir an zu plaudern. Über Häfen und Buchten, über die tückische Strömung bei Meltemi zwischen Paros und Naxos, über Wirte mit gutem Wein und Geheimtips für zarten Lobster. Peter fischte ein paar Dosen kalten Biers aus seinem Kühlschrank. Und während meine Crew sich auf der »Marina« einzurichten versuchte, betranken Peter und ich den Beginn einer von diesen wunderbaren Freundschaften, deren Wert man erst sehr viel später zu schätzen weiß.

Ich habe viel gelernt von Peter. Nicht unbedingt Seemännisches, das hat damals schon ganz gut funktioniert. Peter lehrte mich Lebensart auf dem Boot. Er gab mir einen Teil seiner Gelassenheit. Gab mir Ruhe, wenn Sturm aufkam, zeigte mir Ruhe, wenn der Wind abflaute und wieder einmal die Maschine das Boot vorwärts treiben mußte. »Du mußt dich auf das Boot einlassen, Du mußt das Wasser lieben lernen und achten.« Naja, er sagte das nicht so dramatisch. Er sagte überhaupt wenig. Aber ich spürte, was er meinte, wenn wir uns wieder einmal irgendwo zufällig getroffen hatten, um ein bißchen beieinander zu sein.

Und das passierte, wie durch Fügung, recht häufig. Peter hatte sein VHF, seinen UKW-Sender, immer auf Kanal 72 laufen. Und es wurde uns zur lieben Gewohnheit, täglich um 9 Uhr UTC, also um 12 Uhr griechischer Zeit, per Funk nach dem anderen Ausschau zu halten. Und dann machten wir einen Hafen oder eine Bucht aus, um zusammenzusitzen und nicht zu reden. Das konnte in der Vathi-Bucht auf Syphnos sein, in dem kleinen Wirtshaus an der Westseite. Oder in Hydra, in einem der Cafés, von denen aus man beobachten durfte, wie japanische Nikonträger auf griechischen Eseln reiten. Peter trank seinen »Sketo«, den griechischen Kaffee ohne Zucker, und wenn er mich in den Hafen kommen sah, orderte er schon mal ein Heineken. Wenn es noch nicht zu früh war für ein Bier.

Es war auf dem Weg von Symi nach Rhodos, am vorletzten Tag einer Zweiwochen-Tour von Athen runter in den Dodekanes, als ich es wieder einmal versuchte. »Libelle, Libelle, Libelle for Marina, Marina, do you read me?« Nichts. Na gut, dann steckte der Kerl halt irgendwo anders, außerhalb meiner 30-Meilen-Reichweite. Da meldete sich plötzlich ein anderes Schiff. »Marina, Marina, Marina for Serena, Serena. Do you read me?« Ich hörte klar und deutlich. Die Serena – ein Traumschiff, das Marc aus Los Angeles und Yvonne aus irgendwoher in England gehörte und normalerweise Charter fuhr an der kleinasiatischen Küste. Ich meldete mich. Marc, Yvonne und ich kannten uns flüchtig von einer gemeinsamen Tour runter in den Golf von Fetye. Was ich denn von der »Libelle« gewollt hätte, fragte mich Marc in seinem sanften kalifornischen Slang. »Just to see Peter, over«, antwortete ich. »Peter died two weeks ago, over.«

Die »Marina« rauschte unter Spinnaker bei achterlichem Kurs mit gut sieben Knoten dahin, es war trocken und heiß, Nordwind vom Lande. Die Crew lachte fröhlich, man trank ein bißchen Bier oder Ouzo. Ein Segeltag wie aus dem Bilderbuch. Ein gutes Ende einer guten Reise.

Ich konnte nicht gleich antworten. Marc war nicht der Mann, der schlechte Scherze machte. Er erzählte mir dann, daß Peter im Mandraki-Hafen auf Rhodos, direkt vor seinem Boot auf dem Kai einen Herzinfarkt erlitten habe. Drei Ärzte von anderen Charterbooten, die sich sofort um ihn kümmerten, hatten ihn nicht retten können. »Thank you, Marc, over and out and back to 16.«

Peter und ein Herzinfarkt − unvorstellbar, aber es war nun einmal so. Ich bin an diesem Abend etwas zu lang am alten Fischmarkt von Rhodos gesessen und etwas zu viel Ouzo getrunken. Ciao, Peter.

Excuse me, Sir, is it a Swan?

Es war, als schiele man auf eine Ananas, während man einen Apfel in der Hand hält. Immer wenn ich im Hafen vier von Glyfada ankam, um mit der braven, guten, alten Nicholson 44 »Marina« loszufahren für ein paar Wochen Freiheit, lag direkt daneben diese wunderbare, elegante, unendlich schöne Swan namens »Atlantis II«. Warum eigentlich II? Es gab nur ein Atlantis, und es gab nur diese relativ kleine Yacht aus dem edlen Hause Nautor in Finnland, in dem die schönsten Schiffe der Welt gebaut werden. Na, na, jetzt nicht eifersüchtig werden, »Marina«! Ich hab ja nur geschaut. Du bist ja die Bravste und Liebste, ein treuer Weggefährte auch durch die Stürme vor Amorgos. Hast mich nie im Stich gelassen, hast jede Welle zerschnitten, um uns den Weg zu bahnen. Aber schön ist sie schon, gell?

Es ist also jetzt eine Situation eingetreten, in der jedes Wort, das man sagt, falsch ist. Es ist ungefähr so, als schaute man voll nicht eingestandenen Verzückens jenen wunderbaren Werbespot für die Levis 501-Jeans an, in dem Tatjana Patitz in einer einsamen Wüstenbar hinterm Tresen steht und ein schöner Mann, nur in Boxershorts bekleidet, zu »Hutchi Gutchi Man« die Treppe herabsteigt, um, ja, um eben nicht Tatjana zu küssen, sondern seine Jeans aus dem

Kühlschrank zu holen und dann mit der Harley in die Sonne zu knattern. Läßt dieser Trottel doch Tatjana, die Schönste der Schönen, einfach in der Kneipe zurück.

Es ist also so, als habe man gerade diesen Spot gesehen und fragte danach die auf der Couch sitzende Lebensgefährtin, ob sie noch einen Orangensaft wünsche. Und sie wünscht dich danach zum Teufel, weil sie genau weiß, daß du viel lieber Tatjana wenigstens ein Glas Wasser gereicht hättest. Weiter wollen wir jetzt gar nicht denken.

Wie auch immer, da lag also diese Swan. Ich wußte nichts über Swans, nur, daß alle ganz fürchterlich scharf waren auf so ein Boot. Wie zum Beispiel diese blöde Horde Betriebswirtschaftsstudenten im Münchner Taxis-Biergarten, Segel-Yuppies, die gerade einen Trip rund um Sardinien planten und davon sprachen, sich eine Swan zu leihen, was leider aber nicht möglich wäre, weil Swans so gut wie nie zu kriegen seien auf dem Chartermarkt.

Telex aus Athen, Firma Vernicos, mein langjähriger Partner, dem auch die »Marina« gehörte. »… bieten wir Ihnen an die Yacht Atlantis II zum gleichen Preis wie die Marina, weil die gerade generalüberholt werden muß.« Was? Die »Atlantis II«? Kann es wahr sein? Eine Swan? Für mich?

Sollte ich jemals einen Enkel haben, werde ich ihm erzählen: Der Opa hat zwar viel Blödsinn gemacht, aber er hat damals, es ist lange her, eine »Swan« gesegelt. Und der Enkel würde verstehen. Sie war nur 42 Fuß lang. Aber es war eine »Swan«. Mein Opa ist der tollste Opa aller Zeiten. Er ist ein Swan-Segler.

Man kann nun sagen, was man will: Natürlich ist so eine Swan absolut ungemütlich. Für einen Urlaubstrip mit sieben Leuten vollkommen ungeeignet. Blödsinn. Quatsch. Käse. Wo soll man denn da sitzen? Am Heck ein kleines Cockpit für zweieinhalb Leute, am Niedergang ein kleines Cockpit für dreieinhalb Leute. Dazwischen: eine Brücke, zwar aus edlem Teak, aber nicht zum Sitzen. Also: Was soll das?

Und außenrum: 13 mattschwarze Winschen, allein zwei auf jeder Seite nur für die doppelten Spinnakerschoten, links neben dem Ruder eine Drei-Wege-Hydraulik und die Selbststeueranlage, rechts Gang und Gas für die Maschine. Und sonst: Leinen, Leinen, Leinen. Alles in Weiß. Da braucht man ja einen Plan, um durchzusteigen, wann man wo ziehen muß, damit das Richtige passiert. Und wehe Dir, es passiert trotzdem das Falsche.

Ehrfürchtig entere ich auf das Schiff. Schicke die anderen zum Kaffeetrinken. Brauche Zeit, Muße, Ruhe, um mich anzufreunden mit Tatjana, pardon, »Atlantis II«. Nebenan liegt die »Marina«, schaut beleidigt. Jetzt hab dich nicht so, man muß sich im Leben eben den Herausforderungen stellen! Ich habe ein schlechtes Gewissen. Es wird sich legen. Wie immer.

Dann also ist es soweit. Leinen los! Leinen sind los. Raus aus dem Hafen. Das Schiff fährt wie ein Schiff. Das riesige Ruder – wir schaffen das schon. Schiff in den Wind gestellt, Großsegel rauf, ganz schön groß, dieses Großsegel. Mit der Hydraulik den Baumniederholer durchgesetzt, Unterliek dicht, Großschot dicht, ein bißchen abgefallen, und schon läuft sie. Nicht schnell, aber man spürt eine Nervosität, spürt die Lust des Schiffes nach mehr. Okay. Wenn Du meinst. Die Genua ausgerollt und dichtgeholt. Das riesige Vorsegel fängt Wind, die »Atlantis II« springt an, legt los, und schon sind wir bei acht Knoten Fahrt in Richtung Ägina. Uiuiuiui, wenn das nur gutgeht.

Man warnt ja Führerscheinneulinge zu Recht davor, ihren Hintern am Tag nach der Prüfung auf eine 1000er Kawasaki zu setzen oder sich in einen Ferrari zu schwingen. Da ist was Wahres dran. Aber selbst nach 15 Segeljahren kriegst du feuchte Hände, wenn du zum erstenmal am Ruder einer Swan stehst. Es stimmt einfach alles. Jedes Detail ist durchdacht, selbst die kleinen Schrauben, die rund um das Schiff die Aluminiumleiste am Waschbord halten, haben den Schlitz exakt in Längsrichtung. Dort ein bißchen gezupft, hier ein wenig gefiert, da das Profil des Segels abgeflacht und dort den Holepunkt nach achtern geholt. Auf jedes kleine Detail im Trimm reagiert das Boot, entweder durch Bocken oder durch lustvolles Zulegen an Speed. »VSG« – die digitale Anzeige für »Velocity made good«, sie zeigt, wann du was falsch machst und wann richtig. Schon nach ein paar Tagen spürst du, was das Schiff will. Und du tust es. Wie bei Tatjana, wenn's denn möglich wäre.

Die Liebe währte drei Sommer lang. Dann war die »Atlantis II« leider hinüber. Ich denke nicht, daß das unser Fehler war. Aber die Hydraulik leckte (Öl am Deck, das ist versuchter Totschlag), die Batterien begannen zu kochen (ziemlich explosionsträchtige Sache), weil der Regler mit Tesafilm zusammengeflickt war; das Fockfall riß, doch die Fock kam nicht herunter, weil die Schiene verbogen war. Dann gab – logisch, wenn der Regler im Arsch ist – die Lichtmaschine den Geist auf. Fünf Tage auf Patmos, um den Kahn wieder flott zu kriegen. Das reichte. Ich brachte die »Atlantis II« ziemlich gut repariert nach Athen zurück und schrieb dem Eigner, einem jungen Schnösel aus der griechischen Yuppie-Szene, er habe so ein Schiff nicht verdient.

Ich habe die »Atlantis II« nie wieder gesehen, werde aber nie die Frage des britischen Kapitäns eines großen, weißen, exorbitanten Kreuzfahrtschiffes im Hafen von Githeon vergessen: »Excuse me, Sir, is it a Swan?« – »Yes, Sir, it is. A tiny little one, but a Swan.« – »Do you want to take mine?« – »No, Sir, sorry.«

Irgendwann werde ich das meinem Enkel erzählen. Und da wird er spitzen, der Bub.

Regatta mit
tödlichem Ausgang

Der Tod ließ auf sich warten. Im Morgengrauen geschah der Unfall auf der »Ventus«. Die Segelyacht lag zu diesem Zeitpunkt etwa 80 Meilen westlich der Peloponnes, mit Kurs auf Malta. Und nach quälend langen 14 Stunden erst kam über Funk die Nachricht: Der 38jährige Wiener Apotheker Franz H. ist am Montag, dem 23. Oktober 1995, um 20.07 Uhr auf dem Operationstisch des Flugzeugträgers »USS America« verstorben. Dazwischen: ein 14stündiges Drama auf hoher See. Danach – und das ist auch eine Geschichte – ein Gerüchtespektakel, ein markantes Beispiel dafür, wie eine Gesellschaft von besonnenen Menschen durch die Verabreichung von Achtel-, Viertel- und Halbwahrheiten zu einer manipulierbaren Masse wird.

Doch zunächst zurück zum Tod des Apothekers.

Die Ventus segelte, zusammen mit 47 Yachten, von Zadar in Kroatien über Pylos in Griechenland nach Valetta auf Malta um den »Ecker-Cup«. Diese Regatta für Fahrtensegler im Mittelmeer wurde in jenem Jahr zum sechsten Mal ausgetragen. Noch nie hatte es, trotz insgesamt etwa 300 000 gesegelter Meilen, einen ernsthaften Yachtunfall gegeben. Und alle, Teilnehmer wie Veranstalter, schoben den Gedanken, es sei doch nur logisch, daß irgendwann einmal etwas passieren würde, immer wieder weit von sich.

Diesmal gab es keinen Sturm während der Regatta, kein ernstzunehmendes Gewitter, keinen Kälteeinbruch, keine Blinddarmentzündung auf hoher See.

Nur ziemlich wenig Wind. Auf dem ersten Abschnitt von Zadar nach Pylos geriet das Hochseerennen zur die Nerven zermürbenden Flautenschieberei: 550 Meilen, gut tausend Kilometer, nonstop bei nahezu null Wind. Um so glücklicher waren Skipper und Mannschaften nach dem Start vor Pylos in der Bucht von Navarino, als ein angenehmer Nordwestwind mit etwa Stärke drei die Boote nach Westen in Richtung Malta trieb. Über Nacht drehte der Wind im Uhrzeigersinn auf Ostnordost und frischte auf. Und in der Morgendämmerung jagten die Yachten auf Vorwindkurs unter Vollzeug dahin, gleitend auf langen Wellen, die sich ab und zu an den Hecks brachen. Genußsegeln.

Doch die Fachleute wissen: Das ist auch gefährliches Segeln. Kommt der Wind genau von hinten, hat die Yacht die geringste, nur vom Kiel gehaltene Seitenstabilität. Sie »geigt«, dreht sich in den Wellen um die Längsachse. Auch der Druck aufs Ruderblatt ist wegen strömungsbedingter Verwirbelungen geringer. Kurz: Es droht permanent die Gefahr, daß das Boot aus dem Ruder läuft und in den Wind schießt, wobei meist das Großsegel auf die andere Seite schlägt. Die Segler nennen das in der ihnen eigenen Lust, Gefahren wenigstens verbal überschaubar zu halten, eine »Patenthalse«. Dabei fegt der Großbaum wie ein Schermesser über das Cockpit, in dem sich die Mannschaft aufhält. Man sichert also den Baum durch eine Leine zum Bug.

Doch genau diese »Lebensversicherung« war auf der Ventus zum Unfallzeitpunkt nicht sachgerecht installiert. Und so traf der Großbaum den Kopf des Seglers.

14 Stunden dauerte es, bis der Schwerverletzte von einem amerikanischen Hubschrauber auf den Flugzeugträger gebracht wurde. Medizinische Erkenntnis: Nur wenn der Schädel des Patienten innerhalb der ersten zwei Stunden nach dem Unfall aufgebohrt worden wäre, hätte der Bluterguß im Gehirn wahrscheinlich seine tödliche Kraft verloren.

Auch die junge Ärztin Roswitha Prohaska von der in der Nähe segelnden »Frabatto«, die nach einem halsbrecherischen Übersetzmanöver Erste Hilfe zu leisten versuchte, war hilflos angesichts dieser Verletzung. Und noch etwas ist vielleicht erwähnenswert: Erstens hat der normale Kurzwellenfunk einer Yacht nur eine Reichweite von etwa 25 bis 40 Meilen. Die Ventus war aber zur Unfallzeit fast hundert Meilen vom Land entfernt. Zweitens: Unweit der Ventus segelte die funktechnisch bestens ausgerüstete deutsche Yacht »Cita« des Bremer Skippers Harald Hübner, einem einstigen Marineoffizier. Doch auch dessen professionelle Kompetenz und Technik versagten wegen der dürftigen Organisation des Seenotrettungsdienstes in diesem Teil des Mittelmeers. Selbst ein Funktelephonat Hübners über Norddeich-Radio zum Rescue Center nach Bremen und die Alarmierung der Deutschen und Österreichischen Botschaften in Athen überzeugten die griechischen Behörden nicht von der Notwendigkeit eines Hubschraubereinsatzes.

Kurz: Auch im Regattafeld ist der Hochseesegler einsam und auf sich gestellt, manchmal mit tödlichen Konsequenzen.

Als der Funker des Schlachtschiffes USS Monterey, wie die USS America wegen der Situation im ehemaligen Jugoslawien hier im Embargo-Überwachungs-Einsatz, durch Zufall den Funkverkehr rund um die Ventus einfing, wurde von der Monterey ein Hubschrauber losgeschickt. Doch die Hilfe kam zu spät.

Während an diesem Montag im Oktober 1995 also das Schicksal seinen schrecklichen Lauf nahm, war die »Pan Orama«, das Begleitschiff dieser Regatta, auf dem der Veranstalter und Charterunternehmer Kurt Ecker mit der Rennleitung und einigen Journalisten untergebracht war, längst weit vor dem Feld in Richtung Malta unterwegs. Schließlich mußte der Zieleinlauf organisiert sein. Im Hafen der Inselhauptstadt La Valetta traf dann am Mittwochmorgen via Telefon (über den Vater des Cita-Skippers Hübner) die lapidare Nachricht ein, daß ein Segler der Ventus tödlich verunglückt sei.

Was genau sich dort draußen abgespielt hatte, wußte aber zu diesem Zeitpunkt niemand. Das heißt: Natürlich hatten einige Yachten bruchstückhaft den Funkverkehr um die Ventus mitbekommen und auf dem Regattakanal 72 »nach vorne« weitererzählt. Natürlich wußten so auch die Besatzungen jener Schiffe, die weit in Front lagen, »daß da was passiert war«. Doch bevor nicht Hübners Cita oder die Ventus selbst eingelaufen sein würden, sollte der Fluch des Gerüchtes die Situation prägen.

Es kam zu hanebüchenen Diskussionen im Hafen von La Valetta, zu verrückten Gesprächen, zu Anschuldigungen und Mutmaßungen. Mit jedem angekommenen Schiff stieg die Zahl der Toten und Verletzten, wuchsen die Wellenberge bis auf Haushöhe. Der Schock, daß es jeden hätte treffen können, er saß tief. Die Angst vor der Erkenntnis, wie sehr jeder der nun wirklich erfahrenen Segler die Gefahr seines Sportes immer wieder ignoriert und verdrängt, die Furcht vor der Einsicht, daß möglicherweise Selbstverschulden und nicht Fremdeinwirkung zum Tod eines Seglers geführt habe, trieben schrillbunte Blüten.

Man hätte das Rennen sofort abbrechen müssen, sagte einer – ohne erklären zu können, wie und zu welchem Zwecke das möglich gewesen wäre, als sich die Yachten auf hoher See befanden. Man hätte mehr Begleitschiffe organisieren müssen, sagte ein anderer – als ob auf einem solchen Schiff ein Mensch mit einem Schädelhirntrauma hätte operiert werden können (davon, daß auf keiner Hochseeregatta der Welt überhaupt ein Begleitschiff dabei ist, ganz zu schweigen). Einer meinte, man solle zu Ehren des Toten auf die Siegerehrung verzichten – und vergaß, daß man nur des Spaßes wegen von Zadar aus an einem Land vorbeigesegelt war, in dem damals täglich Menschen eines gewaltsamen Todes starben. Wäre einer auf die Idee gekommen, den Kopf des Veranstalters zu fordern – die Menge hätte wahrscheinlich geschrien: »Kreuziget ihn!«

Es herrschte das Chaos der Unwissenheit. Eine Unwissenheit, an der zu diesem Zeitpunkt niemand Schuld hatte.

Doch wurde – wie in einem Grundkurs für angewandte Politik – deutlich, wie verführbar Menschen werden, wenn sie aus Mangel an Information unsicher sind. Wie sehr sich kollektive Hysterie ballt zu einem nicht mehr beherrschbaren Chaos.

Nachdem die Cita angelegt hatte, rief man die Skipper in den Salon der Pan Orama. Dort schilderte Harald Hübner kurz und sachlich den Hergang des Geschehens. Und die Massenpsychose war wie weggewischt. Die Skipper der 48 Yachten zogen schwarze Bänder an ihren Booten auf. Und sie begannen endlich nachzudenken über ihren Sport. Aber auch über ihre Gedanken und Worte zu dem Zeitpunkt, als Angst und Unsicherheit sie zu einer manipulierbaren Masse machten. Und das hatte dann nicht nur etwas mit Segeln zu tun.

Segeln wie bei Millionärs: Auf einem Traumschiff durch die Karibik

»Vielleicht noch ein Schlückchen Bordeaux gefällig? Oder dürfte es ein leichter Rosé aus dem Rhônetal sein? Ist die Knoblauchsauce für die Crevetten zu deftig, oder möchten Sie vielleicht ein Scheibchen Carpaccio?« Alain serviert perfekt. Das kann man ja auch erwarten, denn schließlich sind 29 000 Mark pro Woche eine anständige Miete für die Grand Bleu II. Also lassen wir uns noch ein bißchen nachlegen von dem prächtigen, hauchdünn geschnittenen Rinderfilet, nehmen noch ein Schlückchen Rosé, ordern einen Espresso und schauen gelangweilt vom leise schaukelnden Schiff auf die sich im Passat wiegenden Palmen. Leben wie bei Millionärs, daran könnte man sich gewöhnen.

Obwohl es für Menschen, die zu Hause das karge Leben eines Selbstputzers führen, ein bißchen neu ist, zusehen zu »müssen«, wie Alain, Franzose mit erstaunlicher Bereitschaft zum englischen Idiom, 25 Jahre alt und Deckshand auf der GB II, täglich dreimal auf Knien über das Teakdeck robbt und mit süßwassergefülltem Eimer und Wildlederlappen die Spuren des Salzwassers beseitigt. Man muß nur lernen wegzuschauen, dann verschwindet jeglicher Anflug von schlechtem Gewissen.

Nun sieht die Grand Bleu II für den Laien eigentlich aus wie ein ganz normales Segelschiff, das ganz normal in einer von deutschen Segeltouristen überfluteten Gegend herumfährt: Sie hat einen Anker am Bug, einen Mast mit Großbaum und zwei Segel, eine Kajüte, ein Deck, ein Steuerrad. Nur wirken die Menschen auf ihr ein wenig kleiner als gewohnt, was daran liegt, daß diese Yacht mit 23 Metern Länge für eine Sloop, also einen Einmaster ziemlich groß ist. Sie ist eines jener Boote, die auch im Hafen von St. Tropez oder Antigua noch auffallen und vor denen Freizeitkapitäne mit wissendem Gesichtsausdruck auf der Kaimauer auf und ab wandern, um kenntnisreiche Kommentare abzugeben, und andere sich früherer klassenkämpferischer Parolen erinnern.

Weil die Umverteilung bekanntermaßen bis jetzt noch nicht funktioniert hat, gibt es seit Seglergedenken teure Yachten von reichen Menschen, die neben Bewunderung auch Neid erzeugen: Ob die »Milena« in Mandraki auf Rhodos, die 65-Fuß-Swan »Swany« im Hafen von Sausalito oder gar die derzeit wohl schönste Yacht der Welt, die »Endeavour«, irgendwo auf den Weltmeeren – staunen darf man überall.

Nur haben die meisten dieser Superschiffe – mit den Augen des Segelurlaub verkaufenden Agenten betrachtet – einen großen Nachteil: Sie alle wurden, wann auch immer man sie auf Kiel gelegt hat, unter dem Aspekt geplant, dem Eigner möglichst viel Komfort zu bieten. Mit dem Effekt, daß für die Mannschaft nur begrenzt Platz blieb. Im Heck ist also meist eine Kajüte von orgiastischen Ausmaßen installiert, der Salon gleicht einem mittleren Edelrestaurant, und im Vorschiff drängeln sich die Stockbetten für die arbeitende Bevölkerung. Werden diese Schiffe heute auf dem Markt der Luxus-Charterei angeboten, kommt es ab und an zu Verwerfungen mit den teuren Kunden, weil ja nur ein Pärchen hinten unterkommen kann und der Rest dann zur Schlafenszeit Schiffsjunge spielen muß.

Um zu erklären, warum nun ausgerechnet die Grand Bleu II und ihre fünf Schwesterschiffe sich hier deutlich von den Luxusyachten gängiger Art unterscheiden, muß man ein bißchen ins Haifischbecken der Charterbranche tauchen und beschreiben, was sich im vergangenen Jahrzehnt, in dem Hochseesegeln zu einer Spielart des Massentourismus geworden ist, getan hat. Schiffe wie die Grand Bleu II sind die (vorerst) letzte Konsequenz einer Politik, die einzig und allein darauf abzielt, den Millionen Dollar schweren Markt der internationalen Charterbranche in wenigen Händen zu konzentrieren – ein Wirtschaftskrimi der besonderen Art, dessen Hauptakteure in Paris sitzen.

Als Otto Normalverbraucher Mitte der siebziger Jahre immer häufiger die Freizeitkapitänsmütze aufsetzte, waren es die Franzosen, die den Trend als erste spitzkriegten und auszunutzen wußten. Die beiden Werften Jenneau und Beneteau stellten um auf billigen Massenbau in marktgerechter Größe mit perfektem Innen-Design und einem wahren Platzwunder für bis zu zehn Chartergäste – auf zwölf Meter Länge über alles. Hunderte kleiner Charterfirmen wurden vor allem im Mittelmeerraum gegründet, die mit Kommissionsschiffen den Bareboat-Markt (ohne Skipper) füllten. Seriösere Unternehmen verkauften nach drei Saisons ihre Boote wieder, was zu einer vehementen Verdichtung der Billigangebote führte.

Schon damals, Anfang der achtziger Jahre, zog die griechische Charterfirma Kavos die Qualitäts- und Preisschraube an, offerierte exklusivere Yachten zu höheren Gebühren, kombinierte dieses Engagement mit weitgehend perfektem Service und einem ausgedehnten Basisnetz. In der Karibik machte sich in ähnlicher Manier das amerikanische Unternehmen Moorings breit. Die beiden Haifische machten das Maul weit auf und schluckten, was sie kriegen konnten.

Dann kam noch ein größerer Fisch, das französische Freizeit- und Bankenkonsortium Top Leisure, und richtete sich seinerseits die beiden Leckerbissen zum Verzehr an. Es klonte den Griechen und den Amerikaner zu Moorings-Kavos: Die klassische Volkswirtschafts-These der Marktmonopolisierung war vollzogen. Mit welchen Mitteln dabei vorgegangen wurde, hat zum Beispiel die renommierte Münchner Yachtagentin Inka Klein, früher bekannt unter dem Agenturnamen Sailtours ICC, erlebt. Seit ein paar Jahren ist sie zu hundert Prozent »Moorings-Kavos-Deutschland«.

Im Schatten des großen Geschäfts mit den kleinen Booten bastelte, noch weitgehend unbeachtet von hungrigen Konzernen, die kleine, feine französische Firma Merex an einem Konzept, die Luxus-Klasse für solvente Konsumenten maßzuschneidern. Die Idee ist einfach, teuer und genial: Eine eigene Werft konstruiert unter der Aufsicht eines kenntnisreichen Designers eine sündhaft exklusive Luxusyacht unter nur einem Aspekt: Der Charterkunde ist König. Das Ergebnis: Grand Bleu II und ihre Schwestern.

Solch eine Delikatesse mochte man sich in Paris nicht entgehen lassen. Seit ein paar Jahren nun gehören die Luxusyachten der Merex-Gruppe, Kostenpunkt rund 2,5 Millionen Dollar pro Stück, ebenfalls zur Moorings-Kavos-Familie.

Luxus – was heißt das nun? Zunächst einmal verspricht eine Länge von 23 Metern über alles viel Platz und Stauraum. Und die Konstruktion als Einmaster mit allem modernsten Super-Yachten-Schnickschnack wie zum Beispiel durchgelattetes Großsegel, elektrische Winschen, Global Positioning System (GPS) und Apple-Computer zur Navigation erlaubt hartes Segeln mit optimaler Höhe und Geschwindigkeit.

Doch das ist den meisten der zahlenden Kunden eher schnurz. Sie wollen Bequemlichkeit. Es gibt für die Gäste vier Doppelbettkabinen veritabler Größe für eben maximal acht Personen. Jedes »Zimmer« hat Air Condition und eine eigene Naßzelle mit Toilette und Dusche (selbstverständlich warm und kalt, das Schiff bunkert insgesamt 3 000 Liter Süßwasser und hat eine Wasserentsalzungsanlage mit einer Kapazität von 200 Litern pro Stunde). Der meist angenehm temperierte Salon gleicht einem mittleren

Tanzpalast mit dauergekühlter Bar. Im Cockpit sitzt es sich selbst zu zehnt noch gemütlich, ein gigantisches, perfekt sitzendes Sonnensegel hält Sonne und UV-Strahlen wenigstens beim Ankern in den Buchten in Schach; während des Segelns schützt ein kleineres »Bimini« vor allzuviel Strahlung und Sonnenbrand. Und sollte der Urlauber seinen Angestellten daheim von hier aus mitteilen wollen, sie mögen sich doch zur Mehrung des Betriebsvermögens gefälligst ins Zeug legen, kann er das per Fax oder Satellitentelefon erledigen. Abgebucht wird über Kreditkarte.

Drei »Mann« Besatzung (es heißt halt so) – Skipper, Köchin und Deckshand – sorgen dafür, daß der Gast sich während des Törns so wenig wie möglich bewegen muß. Es hat was Seltsames an sich, wenn der Skipper mit dem Schwamm in der Hand auf Knien hinter einem herkriecht, nur weil man sich den kleinen Zeh angehauen hat und ein wenig auf das teure Teakdeck blutet. Man kann sich auch durchaus daran gewöhnen, daß die Köchin während des Frühstücks (mit köstlichen Früchten, echtem französischem Champagner und echt italienischem Schinken) dezent fragt, ob sie nun »die Kabine machen darf«.

Skipper und Mannschaft stehen – nach harter Qualifikation hochbezahlt – in festem Arbeitsverhältnis bei Moorings-Kavos. Es handelt sich bei den Besatzungen zu 90 Prozent um Franzosen, doch Umgangssprache ist, es mag den gallischen Chauvinisten schmerzen, Englisch. Um nun die Reisebranche wissen zu lassen, welch schmucke Teile darauf warten, sonnenhungrige Gäste gegen hohes Entgelt (aber inklusive aller Speisen und Getränke) durch die Inselwelt der Karibik zu transportieren, hat Moorings-Kavos eines Tages eine Horde Reiseveranstalter aus Großbritannien, Frankreich und Deutschland zum Kurztrip auf fünf Yachten von St. Lucia nach Martinique eingeflogen. Die Demonstration gelang perfekt – mit ein paar Vorführeffekten, die zumindest beweisen, daß auch beim Segeln in der Luxusklasse Murphy's Law gilt, das da in Kurzversion heißt: Die Summe des Unglücks bleibt konstant. Kurz nach dem Auslaufen rissen bei einer Yacht die unteren Stagreiter des Großsegels aus, worauf die 220 Quadratmeter Segelfläche zwangsweise verkleinert werden mußte. Auf der nächsten brach kurz später das Fockfall, wodurch ihre Chancen auf einen Spitzenplatz im internen Rennen rapide fielen. Auf der dritten wollte sich tags darauf das Vorsegel wegen einiger Schwierigkeiten mit der elektrischen Rollfock-Vorrichtung erst gar nicht öffnen.

Und bei der Grand Bleu II? Wir lagen nach dem Start vor Pigeon Island/St. Lucia zur 25 Meilen entfernten Anse d'Arlet auf Martinique nicht schlecht, wurden dann leider überlaufen und setzten deswegen bei knapp 20 Knoten halben Winds den Cruising Spinnaker, um wieder Boden gutzumachen. Das war denn doch ein bißchen viel. Das 300 Quadratmeter große, etwa 20 000 Mark teure, bunte Tuch riß auf beiden Schultern vom Top bis zum Unterliek, was dem Skipper einen markanten Fluch in seiner Muttersprache entlockte. Wir tranken später einen kühlen, edlen Tropfen, brachten einen Toast aus auf den Spinnaker, dann einen auf Patrick, den Skipper, dann einen auf Henny, seine Frau, dann einen auf Alain, der schon wieder putzte, dann einen auf die ganze Crew, einen auf das Boot, einen aufs Segeln im allgemeinen und einen auf das Leben als Millionär, das wahrscheinlich gerade dann besonders reizvoll ist, wenn man keiner ist.

Ankommen ist alles

Der Skipper der »Tin Hau«, einer kleinen Stahlyacht, bläst nachts so gegen 2 Uhr in seine Tröte, um uns aufzuwecken. Später sollten wir erfahren, daß er Thomas hieß und mit seiner Freundin Mandy gerade aus Gibraltar zurückgekommen war. »Der Barometer stürzt ab, gleich gibt es hier ziemlich Ärger.« Mein Gott, 2 Uhr morgens. Was will denn der? Muß das sein? Na gut, ein Blick auf den Barographen. Jessas! 960 Millibar. Ist der verrückt geworden? Innerhalb der zwei Stunden, die ich schlafen konnte, bis dieser gute Freund vom Nachbarschiff uns aufgeweckt hat, um 100 Millibar gefallen. Nein, das gefällt uns gar nicht. Schon gar nicht hier in Kiparissia am südlichen Ende des wunderbaren Golfs von Arkadien. Denn dieser Hafen ist nur bei Südwinden sicher (weshalb wir ja auch hierher gefahren sind, der Wetterbericht sagte: Südwest, Süd drehend).

Was tun? Die Crew ist, nun nicht gerade betrunken, aber müde, sehr müde. Und ich bin es auch. Müde. Doch wenn der Wind dreht? Auf Nordwest? Wie er es normalerweise tut, wenn der Luftdruck so vehement sinkt. Segeln ist Scheiße, dicke, fette, braune Scheiße. Rein in das Ölzeug, Wiggerl: An den Navigationstisch. All hands on deck. Die beiden Anker auf. Wir müssen raus aus dem Mauseloch! Jawohl, gnädige Frau, es gibt Arbeit. Könntest Du, bevor es zu wackeln anfängt, noch einen Kaffee brauen?

Es sind nur 26 Meilen runter nach Pylos, wo sie in der Bucht von Navarina eine neue Marina, einen nahezu perfekten Hafen gebaut haben. 26 Meilen? Normalerweise unter Maschine dreieinhalb Stunden. Bis die »Aeolos« aus Kiparissia raus ist, dauert es eine halbe Stunde. Wir könnten also gegen 6 Uhr morgens anlegen.

Doch es wird eine Höllenfahrt. Fünf Meilen nach Kiparissia kommt der Sturm. Er kommt natürlich genau von gegenan und baut eine häßliche, kurze, gemeine Welle auf. Und es gießt in Strömen, der Regen peitscht das Wasser, daß die Brecher fast zusammengedrückt werden. Und nun also die schmale Durchfahrt zwischen der Insel Proti und dem Festland. Nicht einmal eine Meile breit. Und null Sicht.

»Zehn Grad abfallen, wir sind zwei Meilen davor.« Wiggerls Stimme klingt gelassen. Ich fahre ins Nichts. »Wir laufen nur 3,5 Knoten über Grund, Tendenz Strom von Steuerbord.« Woher der das alles weiß, da drunten am Navigationstisch. Mitten durch die Enge fahren wir. Ab und zu bestätigt uns ein Blitz des über uns tobenden Gewitters, daß wir richtig sind. Doch das wissen wir auch so. Dank modernster Elektronik an Bord der »Aeolos«. Radar und GPS, die beiden Schutzheiligen der modernen Navigation, lotsen uns durch diese Schweinerei. »Wir sind jetzt durch, neuer Kurs 152 Grad, aber geh ein bißchen höher. Der Strom ist immer noch schwer berechenbar. Kommt eher von steuerbord. Und denkt an den Konterschwell.«

Wir machen kurz nach 8 Uhr morgens in Pylos fest. Ein

bißchen kaputt, aber nicht mit dem Gefühl, so ganz fürchterlich durch die Hölle gegangen zu sein. Noch vor zehn
Jahren wäre das ein bißchen anders gewesen.

Navigation? Ein schönes Wort. Und so geheimnisvoll. In
James Clavells ›Shogun‹ sind die »Piloten«, die Navigatoren
der Schiffe, die es von Portugal, Spanien oder England bis
nach Japan geschafft haben, die wahren Helden. Und auch
noch in den achtziger Jahren war es nicht so einfach, bei hell-
lichtem Tage die Einfahrt nach Yerakas am Peloponnes zu
finden, wenn es auch nur ein kleines bißchen dunstig war.

Man könnte sich vielleicht Folgendes vorstellen. Ein
Autofahrer muß, wie seine Kollegen auch, die Münchner
Sonnenstraße bei vollständiger Dunkelheit durchfahren.
Den Anfang signalisiert ein weißes Blinklicht, das er links
liegenzulassen hat. Am Ende, am Sendlingertorplatz, ist der
Hafen: links ein rotes Blitzlicht, rechts ein grünes im
Sekundentakt. Und dazwischen? Gegenverkehr, Überhol-
manöver. Eine leichte Linkskurve. Und drei Zentimeter vor
dem Auge endet die Sicht.

Was macht man in solch einer Situation? Genau: Man
peilt die Lichter, setzt sie in Relation zueinander. Nimmt
die Winkel zum Schiff, zeichnet das alles auf eine Karte,
rechnet noch ein paar Kleinigkeiten rum wie den Unterschied zwischen geographischem und echtem Nordpol oder
die Kraft der schiffseigenen Metallteile, die den Kompaß
beeinflussen, und fährt in stillem Vertrauen auf die eigene
Kunst der Navigation.

»Navigation ist, wenn man trotzdem ankommt.« So reden Segler gerne, und sie reden dumm. Denn nichts, nichts ist wichtiger, als zu wissen, wie man auch ohne Radar und GPS ein Schiff durch schwierige Gewässer steuert.

Man muß sich nur einmal die Leistung eines Fernão de Magellan vorstellen, der eine ganze Flotte durch eine mit Felsen und Riffen verseuchte Seestraße geführt hat, ohne Karte, als erster Mensch. Versuchen Sie doch einmal nur, blind eine U-Bahn-Treppe runter zu gehen und in die U-Bahn einzusteigen. Und das gleiche jetzt bei 40 Knoten Wind mit einer fetten, überladenen, schwer zu manövrierenden Schaluppe, mit einer kranken, feindseligen Mannschaft, die verteufelt Angst hat, am Ende der Scheibe »Welt« in den Orkus zu fallen. Gute Nacht.

Und heute?

13. Oktober 1995, 10.50 Uhr UTC. In der Bucht von Marmaris. 73 Yachten kurven hinter der Startlinie herum, um eine günstige Position zu erwischen für die nächsten 450 Meilen Luftlinie rüber an die Westküste des Peloponnes beim ersten Teil des Ecker-1000-Meilen-Race. Der Vorbereitungsschuß ist eben gefallen. Rennleiter Lazy Legenstein bereitet gerade das Signal vor: noch fünf Minuten bis zum Start. Strengste Funkdisziplin auf allen Booten. Da quäkt es aus dem Lautsprecher: »Hier ist Startnummer 64 für Rennleitung. Mein GPS ist ausgefallen. Hören Sie mich? Mein GPS ist ausgefallen.« Lazy Legenstein bittet die Yacht, die Schnauze zu halten. Doch der Mann am VHF der Nummer 64 ist völlig aufgelöst. »Wie soll ich denn hier fahren ohne GPS?«

Ich will kurz erklären, was GPS bedeutet: Es heißt Global Positioning System. Und es beruht auf der simplen Tatsache, daß vier bis fünf geostationäre Satelliten durch eine verschlüsselte Botschaft im Nanometer-Bereich dem bordeigenen Computer mitteilen, in welchem Winkel er zu welcher Zeit zu ihnen steht. Und daraus errechnet der gute Freund in Sekundenbruchteilen, wo sich das Schiff gerade aufhält. Das Ganze ist ungefähr so kompliziert wie Fernsehen, aber so, wie wir alle den Fernseher nutzen, nutzen die Segler (und Flugzeugführer und Busfahrer und Gleitschirmflieger) dieses globale Positionierungssystem mit Lust und Laune, so lange genug Strom da ist, um den Computer am Laufen zu halten.

Die »Final Approach« zum Beispiel, eine 18-Meter-Rennyacht mit Heimathafen Waikiki auf Honolulu hat eben eine vierjährige Weltumseglung ohne Probleme absolviert, ohne daß jemals der Sextant zu Rate gezogen worden wäre, jenes Instrument, mit dem bis vor zehn Jahren eine Reise ohne Landmarke nicht denkbar gewesen wäre. »We just used the GPS, it worked perfectly«, sagte Paul, Bootsmann der »Final Approach«, gelassen und ohne sichtliche Begeisterung. Doch, natürlich hätte er gewußt, wie das funktioniert mit diesem Sextanten, hätte ein Wassereinbruch den Computer flachgelegt. Anders als der Skipper der Yacht mit der Startnummer 64 beim Ecker-Race, der schon im Mittelmeer die Krise bekam angesichts der Tatsache, daß er nun höchstpersönlich ein bißchen navigieren sollte.

Normalerweise aber kommt man mit ganz einfachen Dreiecksberechnungen aus. Denn bei einer Urlaubstagsdistanz von etwa 30 Meilen kann man sich normalerweise, so möchte man meinen, nicht so arg verfransen. Und das geht, nehmen wir als Beispiel die Anfahrt von Kap Sounion, von Süden kommend, so: Mit einem kleinen Handkompaß peile ich das südliche Ende der Insel Kea, die auf steuerbord liegt, mit 105 Grad. Wunderbar. Schräg hinter mir backbord liegt Ayos Georgios, ein unbewohnter Felsbrocken von markanter Gestalt. Sein östliches Ende liegt bei 208 Grad. Nicht ideal die Lage, weil die beiden Linien, eingezeichnet auf der Karte, fast ineinander übergehen. Also »schieße« ich noch in der Ferne die Insel Ägina, und schon ist klar, daß Kap Sounion, die Festlandspitze von Hellas mit dem Poseidontempel drauf, von wo sich einst König Ägeus in den Tod stürzte, weil sein Sohn Theseus mit schwarzen Segeln von Kreta zurück kam (aber das ist eine andere Geschichte), auf Kurs 346 liegt und wir noch sieben Meilen vor uns haben.

Heute? Heute fahre ich mit der Maus des Bordcomputers auf dem Plotter vom blinkenden Schiffspositionspunkt auf die Bucht von Sounion und lese Sekunden später: Kurs 346 Grad, 7.2 sm Entfernung. Nicht besonders romantisch, aber wirkungsvoll. Und damals, auf der Fahrt von Kiparissia nach Pylos? Was wäre geschehen, hätte einer der hundert Blitze um uns rum eingeschlagen in die »Aeolos« und die ganze Elektronik zerstört? Es wäre, bei Poseidon, eine noch viel ungemütlichere Nacht geworden.

Frauen an Bord – damit das Segeln schöner wird

Langsam läuft die »Aeolos« ein in den winzigen Hafen Vathi auf der Halbinsel Methana. Ein letzter Abend mit einer phantastischen Crew. Ein letztes Fest an Bord des Schiffes, bevor sie wieder nach Hause fahren, Christiane, Hannes, Rolf, Ludwig und all die anderen. Es liegt nur ein Boot am Kai, eine Charteryacht wie meistens hier im Dunstkreis von Athen, wo man bereits die Flugzeuge im Holding kreisen sieht, wenn der Flughafen der griechischen Hauptstadt wieder einmal übervoll ist oder die Scherwinde das Landen schwer machen.

Langsam also läuft die Aeolos ein, vorbei an dem Kahn. Es bedarf keines Kommandos mehr, jeder weiß, was er zu tun hat. Christiane steht an der Backbordheckleine, Wiggerl ist, wie immer, am Anker. Und Rolf soll, wenn es denn nötig ist, rüberjumpen auf den Kai, um die Heckleinen um irgendeinen Poller zu legen.

Da tönt es von diesem einen Schiff auf Deutsch. Ja, auf Deutsch, und im nachhinein wird mir erst klar, wie sehr wir uns in diesem Moment schämten, diese Sprache zu sprechen. »Hey, ihr habt ja eine Frau dabei. Bringt sie doch mal rüber zu uns. Hahaha.«

Es wurde kein sehr munterer Abend, obwohl sich die Crew wirklich bemühte, dem Skip einen fröhlichen

Abschied zu bereiten. Jeder, wirklich jeder sinnierte darüber, was man mit diesen »Nachbarn« anstellen könnte, um ihnen ihr gottverdammtes Maul zu stopfen. Eine Männercrew, eine besoffene, bornierte, gefrustete, gottverdammte deutsche Männercrew.

Ein dummer Zufall? Eine wirkliche Ausnahme? Ein verfluchtes Vorurteil?

In Tilos liegt eine deutsche Yacht längsseits. Zwei griechische Düsenjäger ziehen im Tiefflug über den Hafen und zwischen den beiden Bergen im Süden hindurch. Fünf Männer sitzen im Cockpit, unter der Backbordsaling ist der Stander der deutschen Kreuzerabteilung gesetzt, darunter flattert die Flagge jener deutschen Kriegsmarine, die es seit Jahrzehnten so nicht mehr gibt. Sie unterbrechen das Lied vom Westerwald, spielen statt dessen Maschinengewehr. »Ratatatatatata, ich hab ihn.« Darauf noch ein Bier. Vassili, der alte Wirt der Hafenkneipe, hält kurz inne beim Tischeabwischen. Sein Vater war damals bei den Kommunisten gewesen. Bis ihn die Deutschen erschossen.

In der Marina von Marmaris legt eine deutsche Yacht an. Ein türkischer Bootsmann spaziert vorbei und nimmt die Heckleinen an. Macht einen perfekten Knoten, einen Palstek. »Hey, türkisch Mann, schick Deine Schwester vorbei. Wir brauchen was zu ficken.« Türkisch Mann geht wortlos weg. Er hat in Deutschland sechs Jahre lang Maschinenbau studiert.

Die Aeolos rauscht unter vollen Segeln durch die Straße von Zakynthos. 18 bis 20 Knoten Wind. Leicht achterlich. Die Wellen? Zwei bis drei Meter. Sie kommen direkt aus

Italien. Am Ruder steht Margit. Perfekt. Ein Gefühl für das Boot. Ein Gefühl für das Wasser. Ein Gefühl für den Wind. Nur Martina schaut ein bißchen grantig. Sie will auch. Hat das gleiche gute Gefühl für das Boot. Will segeln. Will das Schiff beherrschen. Will wissen, wie das alles funktioniert.

Ich habe vor zehn Jahren für eine Frauenzeitschrift eine Geschichte geschrieben über »Segeln mit Frauen«. Die Kolleginnen machten eine lustige Rubrik drüber: »Slip ahoi«. Ach ja, Frauensolidarität.

Die Geschichte ging ungefähr so: Ist ja schön, daß Hanja oder Sonja oder Babsi den Knoten können, um die Fender festzubinden. Wunderbar, wie sie den Gin Tonic mixen nach dem Anlegemanöver. Perfekt, wie die Kombüse glänzt, nachdem sich einer der Herren an Bord beim Kochen selbstverwirklicht hat. Und dann erst die Sache mit der Sonnencreme. Danke, wunderbar.

Und dann war da jener Tag, an dem die Frauen segeln wollten. Selber segeln, ohne Männer, ohne Skipper schon gleich. Die paar Meilen runter von Symi Haupthafen in die Südbucht Panormitis. Da kann ja nichts schiefgehen. Und dann mußten sie eine Wende fahren, die Frauen. Und was haben wir gefeixt, als Babsi das Kommando gab: »Klar zur Wende!« und Hanja, promovierte Biologin und hochgeachtete Journalistin, sagte, sie müsse erst einmal Pipi. Und wie habe ich diese Geschichte genossen. Slip ahoi.

Ich werde nie wieder ohne Frauen segeln gehen. Nicht wegen des Gin Tonics. Nicht wegen der Sonnenmilch. Und schon gar nicht wegen der Kombüse, der sauberen. Segeln nur mit Männern, das ist freiwilliges Neandertalertum. Das ist die Negation jeglicher Menschlichkeit. Das ist Prolo pur. Das ist Saufen und Fluchen und Ölsardinen aus der Dose essen. Das ist Leben ohne Korrektiv. Ohne Vernunft. Das ist kein Leben.

Wie war das damals, als sich einer von uns, ein Mann natürlich, eingegraben hatte vor Lebenskummer. Weil ihm zuhause nichts gelingen wollte. Weil er erst am Schiff merkte, wie sehr er mit seinem Denken und Fühlen gescheitert war, an sich selbst, an seiner Art zu denken und zu fühlen. Stundenlang sprach Claudia mit ihm, bis er zuerst heulte wie ein Schloßhund und dann sagte, es ginge ihm nun doch ein wenig besser. Lacht da jemand?

Segeln und Frauen. Was ist das für ein Spaß. Mann lacht sich kaputt.

Damals, als zum erstenmal ein Frauenteam versuchte, im Admirals-Cup, der inoffiziellen Weltmeisterschaft der Hochseesegler, mitzumischen, sollte ein befreundeter Kollege eine Reportage schreiben über diese Crew, die vor Barcelona trainierte, bis die Schwielen an den Händen rissen. Der junge Mann hatte keine Ahnung vom Segeln, aber von Frauen. Dachte er. Er kam zurück, immer noch bleich im Gesicht, die Jeans hatte Flecken von den Opfern, die er Poseidon, dem Gott der Meere, dargebracht hatte. »Das sind keine Frauen«, sagte er, »das sind Monster.« Auf den Bildern, die der Photograph geschossen hatte, war das so nicht nachzuvollziehen. Nette Menschen, jung, ein bißchen arg dynamisch vielleicht. Aber in jedem Falle anders, als der Kollege sie dann in seiner Reportage beschrieb. »Gegen Männer und Wind«, so der Titel. Welch ein Blödsinn. Jeder segelt gegen jeden. Und wenn der Wind von vorn kommt, segelt jeder gegen den Wind. Aber der Mann hatte das nicht so ganz begriffen. Er wollte es so sehen, daß die Frauen gegen ihn segelten.

Irgendwo in diesem Buch steht die Geschichte von Bobby Schenk, der mit seiner Frau Carla ein paarmal rund um die Welt gesegelt ist. Fragt man Bobby heute, wie er das geschafft hat, dann schaut er rüber zu Carla, lächelt ein bißchen und sagt: »Ohne sie nie.«

Irgendwo in diesem Buch könnte auch die Geschichte von Clark Stede stehen, der als erster Mensch rund um Amerika gesegelt ist. Wenn man ihn heute fragt, wie er das geschafft hat, denkt er zurück an Michelle, seine australische Begleiterin von damals. Und er wird ein bißchen traurig. Clark segelt nicht mehr seit der Zeit. Aber vielleicht kommt Michelle ja wieder.

Irgendwo in diesem Buch stehen viele Geschichten über abenteuerliche Fahrten und über wunderbare Nächte in Buchten oder auf hoher See. Fragt man uns heute, wie es damals war, dann schaut jeder in sich hinein und denkt an andere Namen. Oder an dieselben. Und sagt dann: Nie, nie werden wir ohne Frauen auf ein Boot gehen.

Die Menschen haben in fast allen ihren Sprachen die Schiffe dem weiblichen Geschlecht zugeordnet. Schiffe sind Geborgenheit. Schiffe sind »Zuhause«. Schiffe sind Leben. Ich liebe Schiffe.

Für Elisabeth, die Sangria trank wie kein Mann; für Sonja, die im siebten Monat war, als sie mitsegelte und immer lachte; für Margit, die den schnellsten Palstek konnte; für Martina, die nach Havanna segeln möchte und das sicher auch einmal tut; für Margret, die Martin alles verzieh; für Michelle, die Clark wieder nach Hause brachte; für Carla, die Bobby im Zaum hält, wenn es sonst keiner mehr kann; für Liz, die vielleicht bald mitfährt; für Rita, die nie mitgefahren ist; für Teresa, die mit Paul das Sternbild des Orion entdeckte; für all jene Frauen, die ihren Namen hergaben, um ein Schiff zu taufen und sich nicht grämen sollten, weil der Eigner, dieser Chauvinist, ihren Namen auch noch mit einer Zahl versah. Tauft Euer Schiff doch auf »Herbert III«. Das geht auch. Und darauf einen Gin Tonic, gemixt von Männern, für Euch. Und sollte jemals eine Männercrew zu Euch herübergrölen, denkt daran, wie arm sie sind. Ohne Euch. Ohne eine von Euch.

Einmal Alcatraz und zurück

»Hi, this is Martin speaking. Seit wann bist Du in der Stadt?« Mein Gott, es ist 8 Uhr morgens, und gestern war es wieder einmal heute geworden in Louis' Bar drunten an der Pier. Und nun Martin, fröhlich wie damals, als wir gemeinsam durch die nördlichen Sporaden Griechenlands gesegelt sind und er sich, das hätte es ja nun auch nicht gebraucht, in die ziemlich nette Prinzessin verliebt hat. Lange her, das. Und nun ist er am Telefon und will, daß wir segeln gehen. Von Brisbain aus, wo seine 44-Fuß-Yacht liegt, nahe dem Stadion der 49ers, ebenso nahe dem Flughafen von San Francisco, wo man nicht rauchen darf. Martin ist kein Morgenmuffel.

Okay, um 11 Uhr im Hafen. Kein Problem, ich habe einen Leihwagen.

Es ist wie immer, wenn das Wasser ruft. Vorfreude vertreibt die Müdigkeit, der Kaffee brennt auf der Zunge, noch schnell einen Toast geschluckt. Ciao John, ich komme erst spät wieder. Gehe ein bißchen segeln in der Bay von San Francisco. Die Jungs außenrum in der Pension an der Steiner Street in Haight Ashbury, dem flippigsten Viertel von San Francisco, schauen ein bißchen verwirrt. Sie waren in die Stadt gekommen, um die Castro Street zu erobern. Und jetzt hockt da mitten unter ihnen so ein Hetero und freut sich aufs Segeln. Komischer Bursche. »Also, wie sagt man bei Euch: Mast- und Schotbruch, oder so ähnlich.« Schon gut. Stimmt. Viel Spaß auf der Straße.

Martin hat eingekauft, seine Freundin Margret ein paar Sandwiches belegt. Ein Hafen wie jeder andere: schön, aufregend, Fernweh weckend. Klappern die Falle hier anders? Klingen die »Hallo«-Rufe der Segler hier besonders relaxed? Segeln in San Francisco – mal sehen, wie das wird. Auch wenn man keine Blumen im Haar stecken hat.

Die schwere, urgemütliche Yacht schiebt sich aus dem Hafen, es ist kein Wind weit und breit. Wir tuckern langsam, so mit etwa fünf Knoten, in Richtung Bay Bridge. Die Luft, sie ist seltsam kühl, feucht, salzig. Drüben sieht man Berkley, die Universitätsstadt, etwas links davon im Westen das Gefängnis von St. Quentin, in dem einst Johnny Cash das Lied vom Haß auf den Stacheldraht gesungen hat. Dann fahren wir unter der Bay Bridge durch, und jeder denkt daran, daß beim letzten Erdbeben hier ein paar dicke Brocken heruntergefallen sind. Auch auf Schiffe. Nur: Im Unterschied zum erdbebenängstlichen Mitteleuropäer stören den San Franciscaner solche Gedanken nicht. Er lebt mit ihnen.

Dann sind wir raus aus dem Flautenloch, haben eben die Pier 39 und Louis' Bar passiert, jene Gegend, wo die Touristen ihrem Job nachgehen und Geld ausgeben. Wo die Gaukler und Clowns für die Fremden nachspielen, wie San Francisco im Hochglanzprospekt aussieht. Backbord taucht Alcatraz auf, das einstige Gefängnis des Vogel-Professors und anderer Mörder. Bei Westwind konnten die Lebenslänglichen damals das Lachen der Yachties hören vom Segelclub drüben nahe der großen Brücke über das Goldene Tor. Und wir sind mitten drin in einem der spannendsten Regattareviere der Welt. Die Bay – sie ist ein kleines, tückisches Gewässer, in dem nur Spezialisten siegen. Und heute ist so ein Tag, an dem sich die besten hier messen. Denn es ist die ganze Woche lang »Swan Cup«. Das bedeutet: Die schönsten Yachten der finnischen Werft Nautor, ein durch die Welt ziehender Rennzirkus, vergleichbar dem Ski-World-Cup, kämpfen sieben Tage lang in der Bay um den Sieg. An die 60 Swans unterschiedlicher Größe treten an, um in ihren Klassen oder um den Gesamtsieg zu segeln. Gibt es ein schöneres Revier als hier, zwischen dem San Francis Yacht-Club und Sausalito, zwischen der Golden Gate Bridge und Alcatraz?

Und wir sind mittendrin. Gerade ist der Startschuß gefallen, das Feld der kleineren Swans gleitet auf Backbord-Bug über die Linie. Im Fünf-Minuten-Abstand folgen die größeren Klassen. Es ist noch nicht Mittag, noch weht der Wind nur flau; das wird sich bald ändern, so wie jeden Tag.

Segeln in der Bay. Das heißt: ein Tidenstrom, also Ebbe und Flut, mit bis zu 3 Knoten, mal raus, mal rein. Das heißt: bis zu 25 Knoten Wind vom Pazifik rein aufs Land. Das heißt: Nebel um die Golden Gate. Das heißt: Kälte und Hitze. Das heißt: Taktik, Raffinesse, Mut.

Das Feld verschwindet im grauen Dunst unter der großen Brücke, dem goldenen Tor nach Westen, das sich öffnet zur unendlichen Weite des Pazifischen Ozeans. Dort tuten die

Nebelhörner, dort warten die Touristen, daß die Suppe aufreißt und sie mit ihren Nikons endlich zum ersehnten Schuß kommen. Der Nebel verschluckt das ganze Feld. Die Boje, die Wendemarke, sie liegt gut dreihundert Meter hinter der Brücke. Minutenlang ist nichts zu sehen. Keine Swan weit und breit. Dann plötzlich: Aus dem Nichts tauchen Farbtupfer auf, zunächst nur schemenhaft, verschwommen, wie bunte Geister des Meeres. Dann werden die Konturen schärfer, und aus der Düsternis, aus dem Bösen, aus dem schrecklichen Nebel jagen die Yachten unter Spinnaker vor dem Wind nach Osten in die Bay, dort oben haben sie schon mindestens 20 Knoten Wind, die Wellen laufen durch die Brücke rein in den Sund. Und auf ihnen reiten sie, die Königinnen der Meere. Es wird Zeit für uns zu verduften. Sonst stören wir mit Martins schwerer Holzyacht den Renn-Verkehr.

Die Bay, sie hat ihren eigenen Zauber. Der Faserpelz ist schwer vor Nässe, die Nase hat einen Sonnenbrand abbekommen, das Anchor Steam, jenes dunkle Bier aus der größten Brauerei am Ort, schmeckt auch nach Salz. Südlich der Yacht die schönste Stadt der Welt, nördlich davon das kleine Sausalito mit dem wunderbaren Yachthafen. Und vor Dir turnen die Profis wie Affen über das Deck ihrer teuren Rennziegen. Ob Martin weiß, wie es in mir aussieht? Daß ich nie, nie wieder nach Hause will? Er schiebt eine CD in die Bordanlage. »Truckin'«, Grateful Dead. Jerry Garcia. Wo sonst auf der Welt hätte dieser Bursche, den schon Tom Wolfe für seinen ausgeflippten Roman ›The Electric Kool-

Aid Acid Test‹ entdeckt hatte, wo sonst hätte Jerry so Gitarre spielen sollen, wenn nicht hier in San Francisco. Hier an der Bay, wo die Gespenster der See sich treffen mit den Geistern der Zivilisation.

Zurück in der Pension warten die Freunde auf die Geschichte vom Segeln in der Bay. Ich kann nicht viel erzählen. Sie würden es nicht verstehen. Aber diese Farbtupfer im Nebel, ich werde sie für Euch malen. Worte reichen dafür nicht aus. Gute Nacht, oder trinken wir noch einen Schluck? Auf Eure Straße, auf die Bay. Auf San Fran, die schönste Stadt der Welt.

Lust am Wahnsinn:
Rennen rund um den Globus

Es ist ein Logbuch des Wahnsinns. Ein Dokument menschlichen Scheiterns an der wilden Ödnis der Weltmeere. Die letzten Worte von Donald Crowhurst, notiert mit blauer Tinte und in klarer Schrift: »Dies ist das Ende meines Spiels. Es war ein gutes Spiel. Es muß beendet werden. Ich werde das Spiel aufgeben. Es gibt keinen Grund für schlechte ...« Beim letzten Wort, so scheint es, ist die Feder des Füllers trocken geworden. Das Wort verschwimmt seltsam, biegt nach unten ab, als habe der Schreiber die Balance verloren. Dann hat Donald Crowhurst seine Gedanken und sein Leben der See überantwortet. Sein Leichnam wurde nie gefunden. Sein Schiff trieb irgendwo im Pazifik. Donald Crowhurst war daran gescheitert, einen Traum der Menschen in die Realität umzusetzen: rund um die Welt zu segeln, ohne auch nur einmal anzuhalten. Er war am 31. Oktober 1968 von England aus gestartet, um den »Golden Globe« zu gewinnen, einen Preis, den die »Sunday Times« damals ausgelobt hatte. Der Preis war hoch, zu hoch. Er kostete den Vater dreier Kinder das Leben.

Seit Menschengedenken hat die Endlosigkeit des Meeres Menschen verführt und umgebracht. Doch erst Mitte dieses Jahrhunderts haben Segler damit begonnen, aus purer Lust am Abenteuer die letzte Grenze zu suchen: die Umrundung des Globus non stop und wenn möglich auch noch ganz alleine. Das Rennen um den »Golden Globe« wurde ein Desaster. Neun Yachten, neun Menschen waren 1968 gestartet, und nur einer kam durch.

Knock Jonston läuft als erster ein, nach 312 Tagen, nach 45 000 Kilometern, nach der Umrundung der drei Kaps, die dieser Route den Namen gegeben haben: Kap der guten Hoffnung, Kap Louis, Kap Horn. Nach heulenden Stürmen und nervenzerfetzenden Flauten, nach brütender Hitze in den Kalmezonen und eisiger Kälte im Südmeer. Welch ein Wahnsinn. »Ich brauche nur ein Schiff, und einen Stern, der mich führt«, schrieb Bernard Moitessier einmal. Moitessier war damals mit dabei beim Rennen um den »Golden Globe«. Doch der Mann, der bereits einmal um die Welt gesegelt war, drehte vor dem Kap Horn um und segelte zurück in die Südsee, um dort zu leben. Einem Freund erklärte er über Kurzwelle, er werde das Rennen um den Wahnsinn nicht beenden, »weil ich weiß, daß da noch etwas ist«. Für ihn war leben wichtiger als siegen. Bernard Moitessier lag damals in Führung. Sein Buch ›Der verschenkte Sieg‹, es wurde zur Bibel all jener, die Segeln als Leben verstanden und nicht als Wettbewerb.

Doch der Gedanke, mit dem Wind um den Globus zu rasen, er spukte weiter in den Köpfen herum. Wer ist der Schnellste rundherum? Beseelt noch von den Geschichten der Windjammer, die im Rennen um die besten Verkaufschancen für Tee und Gewürze in drei oder vier Monaten von einem zum anderen Ende der Welt jagten, wollten immer wieder Träumer und Abenteurer im Extremen Bestätigung ihres Lebens finden. Sie vergaßen, daß damals jedes zehnte Schiff verlorenging. Sie vergaßen, daß gewinnsüchtige Geschäftsleute skrupellos das Leben schlechtbezahlter Seeleute aufs Spiel setzten, um an der Börse von London oder Johannesburg Gewinne zu machen. Sie vergaßen, daß die Jagd über die Weltmeere ein mörderisches, menschenverachtendes Geschäft war. Erst als der Panamakanal gebaut war, erst als die Dampfschiffe den Klippern das Geschäft versauten, hörte die so romantisch verklärte Tortur der Seeleute langsam auf.

Es war ein Engländer, der später zum Ritter geschlagene Lord Chichester, der auf einer Yacht den Rekord der Klipper brach. Zwei Jahre vor dem »Golden Globe«. 1966 kam der kleine, bärtige, bescheidene Mann in Plymouth an. Nach einer Reise um die Welt, ganz alleine mit seiner Ketch »Gipsy Moth«.

Fünf Jahre nach dem Drama um den »Golden Globe« erfand man eine neue Form dieses extremen Wettstreits. Die britische Brauerei »Whitbread« gab einem Rennen um die Welt den Namen, das heute zu den teuersten und lukrativsten Sportereignissen der Welt gehört. Das Whitbread-Race wurde das größte, längste und härteste Segelrennen der Welt, allerdings nicht für Einhandsegler. Hier segeln höchstbezahlte Profis im Auftrag finanzstarker Sponsoren nicht mehr nur um Ruhm und Ehre.

Damals aber, im Spätsommer 1973, starteten ganze 18

Schiffe von England aus zur ersten Etappe nach Kapstadt. 6000 Meilen sind das, eine gefürchtete Strecke. Die Kalmenzone mit tagelanger Flaute, die »roaring forties« entlang der südafrikanischen Küste. Die schnellste Yacht war damals nach Südafrika etwa fünf Wochen unterwegs. Für sie und all die anderen Mannschaften zählte nur das Abenteuer. Sie segelten keine Rennmaschinen, sondern Fahrtenyachten unterschiedlichster Art. Von der teuren Swan eines mexikanischen Millionärs bis zur nur 33 Fuß langen Selbstbauyacht »33 Export«, auf der einige junge Leute in der Weite des Meeres Erfahrungen über das Leben sammeln wollten, die zur Gitarre »So long Marianne« von Leonard Cohen sangen und ab und zu ein bißchen Abwechslung in ihren Tabak mischten. »Man hat Angst, und es ist zugleich phantastisch«, schrieb einer von ihnen ins Logbuch.

Doch wer schnell von Kapstadt nach Neuseeland und weiter zum Kap Horn segeln will, der muß durch das Südmeer. Das wildeste, schrecklichste Meer des Globus'. Über 20 Meter hohe Wellen, lähmende Kälte, Eisberge. Und Sturm, tage- und nächtelang Sturm. Die Pen Duick IV des berühmten Franzosen Eric Tabarly verliert hier den Mast. Drei Mannschaftsmitglieder der »33 Export« verlieren ihr Leben. Sie werden von gewaltigen Seen trotz Sicherheitsleinen einfach über Bord geschwemmt. Man kann sich solche Wellen nur schwer vorstellen. Wenn die Yachten ins Tal zwischen zwei Seen jagen, schlagen die Segel, weil plötzlich kein Wind mehr ins Tuch greift. Dann werden sie wieder emporgehoben, und die brachiale Gewalt des Sturmes drückt die Boote nach Lee. Und schon beginnt das schreckliche Spiel von neuem. Stunden, Tage, Wochen. Und dann kommt das Kap, das Kap der Kaps: die Südspitze von Feuerland. Ein dunkler, düsterer, feindseliger Felsen auf der Backbordseite. Wer diesen Felsen passiert, gehört zum erlauchten Club der Kap Horniers. Seltsamer Brauch der Segler ist, daß nur die Horniers gegen den Wind pissen dürfen. Sie haben alle Elemente besiegt. Warum dann nicht auch diesen kleinen Triumph feiern und dem Wind eine Nase drehen.

Auch der Franzose Alan Colan war damals dabei, auf einem Triamaran, er mußte außer Konkurrenz segeln, denn Mehrrumpfboote waren und sind beim »Whitbread« nicht erlaubt. Doch auch er litt wie all die anderen Crews, mit dem Unterschied, daß er alleine war. Er notierte ins Logbuch: »Ein einziges Jammertal, die riesigen Wellen, man kann nichts mehr tun.«

Der Sieger von damals brauchte 109 Tage effektive Segelzeit. Ein Drittel nur noch von der Zeit des »Golden Globe«-Gewinners.

Ein paar Jahre später sollten andere physikalische und finanzielle Gesetze gelten. Die Multimillionäre haben dieses größte Rennen der Welt für sich entdeckt. Der Holländer Cornelis van Rietschoten pumpt in das Unternehmen »Whitbread 83« soviel Geld, daß der Sieg unumgänglich wird. Auf allen drei Stops werden sämtliche Winschen ausgetauscht. Die ganze Garderobe wird erneuert, sein Boot hält acht Windstärken unter vollen Segeln und Spinnaker aus. Die gut zwanzig Meter lange Maxi-Yacht fährt bis zu zwanzig Knoten. Das ist ungefähr so, als führe man bei Berufsverkehr mit 250 Stundenkilometern über eine Stadtautobahn.

Doch des Wahnsinns ist kein Ende. Und natürlich geisterte in den Köpfen der Abenteurer immer noch die Idee herum, alleine und ohne irgendwo festzumachen die Welt in Rekordzeiten zu umrunden. Und wer hier nach Lust fragt oder nach Laune oder nach Genuß, der ist falsch. Man muß sich nur die Videos jener Männer anschauen, die in den neunziger Jahren wie die Verrückten einmal rundherumfahren, um zu sehen, daß hier nur noch eines zählt: ein elementarer Kampf gegen die Elemente. Gegen die Zeit. Gegen sich selbst. Der Gegner, er ist ein Phantom geworden. Hier rechnen Menschen mit sich selber ab, setzen sich den fürchterlichsten Strapazen aus, werden schier wahnsinnig vor Einsamkeit, tanzen vollbekifft durch ihr Schiff, und haben doch nur eines im Sinn: diesen Wahnsinn zu überleben.

Während also das Whitbread-Rennen seinen kommerziellen Gang geht, ein gewaltiges, dank modernster Übertragungstechniken sensationelles TV-Spektakel wird, fangen ein paar see-süchtige Segler an, den Challenge-Cup auszutragen. Es ist eigentlich egal, daß sie im Jahr 1988 gestartet sind. Es ist egal, wer gewonnen hat. Es ist nur so, daß mittlerweile seltsame Rekorde aufgestellt werden. Unlängst hat ein 18jähriger als jüngster Segler die Welt nonstop umrundet. Er durfte nach seiner Ankunft in Australien sein erstes legales Bier trinken. Denn dort ist, man glaubt es kaum, der Ausschank von Bier erst ab 18 erlaubt. Und er war mit 17 gestartet.

Wahrscheinlich werden demnächst Kinder um die Welt segeln, gesponsert von Kinderschokolade oder Coca-Cola. Und der Geist von Bernhard Moitessier wird über ihnen schweben und den Kopf schütteln. Irgendwie war das anders gemeint.

Der Rekord übrigens für eine Reise ohne Stop um die Welt liegt derzeit bei 74 Tagen, 22 Stunden, 17 Minuten. Gesegelt wurde im Kampf um den Pokal »Jules Verne« ein Katamaran mit sechs Mann Besatzung. Höchstgeschwindigkeit knapp 30 Knoten. Ich bin mir nicht sicher, ob der Schriftsteller Jules Verne sich hat vorstellen können, zu welchem Wahnsinn eines seiner liebenswertesten Bücher würde herhalten müssen. Befragt, warum sie das tun, antworten die Segler des australisch-englischen Bootes: Für die wenigen Minuten, in denen das Boot die Grenzen der Logik überschreitet. Hier treffen sie dann vielleicht auch wieder den alten Geist jener, die wissen wollten, wie das ist. Ich möchte es nicht wissen.

PS: Der Challenge-Cup heißt mittlerweile Vendee Globe Beim letzten Rennen, das bei Drucklegung dieses Buches noch nicht beendet war, waren im Südpazifik drei Yachten gesunken, ein Segler überlebte fünf Tage in einer Luftblase, die das gekenterte Boot vor dem Sinken bewahrte, ein anderer bei Temperaturen um den Gefrierpunkt in einer abgeworfenen Rettungsinsel, der dritte an den Kiel der halbgesunkenen Yacht geklammert. Der Brite Peter Goss operierte sich, angeleitet per Fax von einem Arzt, mit Schere und Skalpell nach einem Sehnenriß am Oberarm. Mittlerweile regt sich sogar im segelverrückten Australien Kritik an dieser Art des Segelsports. Der Grund: Die Rettung der französischen Seglerin Isabelle Autissier, die 1995 ein paar hundert Meilen vor Australien in Lebensgefahr geraten war, hatte über sieben Millionen Mark gekostet.

Beethoven an Bord

Schwer verklingt der dumpfe A-Moll-Akkord im Brausen des Nordwindes. Nur schemenhaft ahnt das Ohr den Beginn von Beethovens siebter Sinfonie. Das dumpfe Gebrabbel der Streicher, die hohlen, geisterhaften Akkorde der Blechbläser. Verwaschen streichen die rhythmischen Verwobenheiten des rätselhaften zweiten Satzes übers Deck. Auch beim Menuett tanzen nur die Wellen rund ums Boot. Und irgendwann dann das triumphierende Dur im vierten Satz! Zeichen des Sieges über die Elemente. Hurra! Wie wäre es mit dem Spinnaker? Also rauf mit dem Lappen und volle Pulle rein in den Golf von Fethye. Meister Ludwig, spiel uns einen auf!

Musik an Bord – das ist wie Dope. Entweder es wirkt, oder eben nicht. Entweder alle rauchen, oder keiner. Musik an Bord, das kann die ganze Atmosphäre zerstören oder jene unbeschreibliche Stimmung heraufbeschwören, die sonst nur gute Filmkomponisten herbeizuzaubern wissen.

Wie wäre es zum Beispiel mit, na klar, Rod Stewart. Nicht gerade »I Am Sailing«, das auf jedem Boot herauf- und heruntergenudelt wird. Nein, die gute alte Live-Doppel-Scheibe aus dem Jahre 1982, auf der man sich über eineinhalb Stunden hin dem Höhepunkt nähert. Das hat was. Man muß sich nur in Geduld üben. »You made a first class of fool out of me ...« Ist ja alles ein bißchen traurig, aber sehr, sehr sexy. Kommt ein bißchen auf die Mannschaft an. »Sweet little sixteen ...«

Oder Daniel Lanois. Dieser Mann aus dem tiefen Süden der Vereinigten Staaten, dieser Meister des tiefgründigen Cajun-Gesanges, jener Musik, die die Franco-Kanadier mitgebracht haben in die Welt der Sklaven. »Still Water«, ein alter Song aus New Orleans. Oder »Fisherman's Daughter«, ein rätselhaftes Lied, kurz nur, aber voller Geheimnisse. »O Marie«, der traurige Gesang eines Tabakpflückers, in jenem französischen Dialekt gehalten, wie man ihn in Louisiana nur noch bei älteren Leuten hört (daß diese Musik an den wunderbaren Film »The Big Easy« erinnert, ist kaum ein Zufall). »Nobody asks the captain about the cargo he is carring.« Niemand weiß, was auf diesem Schiff passiert. »Death calm«. Tödliche Ruhe. Und nun? Eine Gespenstergeschichte vielleicht.

Bei leichten Winden aus Südost empfehle ich ein bißchen Bruce Hornsby, den großen rotblonden Alleskönner aus Los Angeles, diesen Meister des Pianos und der Ziehharmonika, der zum Beispiel mit »The Way It Is« auch eine Segelweisheit vertont hat. Es ist halt so, wie es ist, und damit muß man zurechtkommen. Und ist man dann in der Nähe des Hafens, kann man ja rüberswitchen zu seinem Titelsong »Harbour Lights«. Nun, ein bißchen zu schnell für ein Segelboot vielleicht.

Ganz anders dagegen Keith Jarrets »Köln Concert«. Es gibt eigentlich nur einen Moment und einen Platz, wo es paßt: Wenn du in der wunderbaren Bucht von Porto Kajo am östlichen Ende des mittleren Peloponnes-Fingers, der Mani, gerade gespürt hast, daß die Angebetete trotz guten Weines und eines Fingerhutes Metaxa nicht daran denkt, sich anbeten zu lassen. Okay,

133

Baby. Dann eben nicht. Und du gehst an Deck und hörst nur über die Außenlautsprecher Keith Jarret mit dem Himmel sprechen, siehst drüben den Orion, das Sternbild der Liebe, langsam über dem Bergrücken verschwinden und findest das Leben auf einem Segelboot zumindest äußerst kompliziert.

Gut, dann eben doch Mozart. Aber was? Die Klavierkonzerte – zu vielschichtig, zu schwierig. Man kann sich da nicht konzentrieren, weder aufs Ruder noch auf den Sound. Ein leichtes Oboenquartett vielleicht, das in G-Dur. Kommt auf den Wind an. Die kleine g-Moll-Sinfonie paßt bei leichter Brise in der Dämmerung. Diese sehnsuchtsvolle Oboe, wie sie den Bogen spannt von großer Höhe zum Wasserspiegel. Man löse das auf mit einem unendlich traurigen Lied von Franz Schubert: »Das Meer erglänzet weit hinaus ...« Jetzt ist aber Schluß! Pink Floyd, »Umma Gumma« oder »Wish You Were Here«. Ach, Peter. Das war dein Lied.

Dann aber, ganz spät abends, wenn alle schon schlafen, stöpseln wir den Kopfhörer ein, holen noch eine Flasche Rosé aus dem Kühlschrank und legen Bach auf. Johann Sebastian. Goldberg-Variationen. Glenn Gould. Erste Einspielung. Und schon nach wenigen Takten wissen wir: Morgen laufen wir spät aus, sehr spät. Denn der Abend, er wird noch ein bißchen dauern. Bis die Flasche leer ist. Bis Glenn ausgespielt hat. War ja damals auch so gedacht, als Gute-Nacht-Lied für den reichen Goldberg. Reich sind wir nicht, oder schon. Schau zum Himmel, dort oben spielt er für uns. Glenn Gould, der Große. Sagte er, dachte ich, oder wie war das mit Thomas Bernhard? Der Untergeher. Mein Gott, der Wein ist ganz schön stark.

Paul

Er saß da, wie man eben so sitzt in einer Runde lustiger Menschen, deren Sprache man nicht versteht. Und deren Tochter man dann irgendwann heiraten will. Trotzdem. Hundertprozent! Liebe halt. »You could be Paul.« Und Paul sagte: »Yes, I could. Better: I am.« Sechs Worte, und wir waren Freunde. Natürlich dauerte es noch eine Weile, bis ich seine Mischung aus texanischem und hawaiianischem Akzent besser verstand, bis ich ein wenig hinter die Rayban-Gläser der schwarzen Sonnenbrille blicken konnte. Doch nach diesen sechs Worten war, wie man so sagt, klar, daß ich einen neuen Freund gefunden hatte. Keine Frage, daß auch der Rest der lustigen Runde dies goutierte, allen voran meine geliebte Nichte Teresa, die zur Zeit wenigstens immer noch nichts dagegen hat, daß Paul sie irgendwann einmal heiraten wird.

Nun wäre Paul ein ganz normaler, vielleicht ein bißchen gebildeterer junger Amerikaner geworden, hätte nicht vor gut fünf Jahren ein ehemaliger US-Navy-Pilot namens D. J. (das steht wirklich für Don Johnson, hat aber mit Don Johnson nichts zu tun), hätte also dieser D. J. nicht den damals 27 Jahre alten Barkeeper einer halbwegs brauchbaren Touristenbar in Waikiki-Beach gefragt, was er davon hielte, mit ihm, D. J., auf der »Final Approach« um die Welt zu segeln.

Hätte Paul damals »nein« gesagt, er wäre nie in dieser

lustigen Runde gelandet, in der alle nur deutsch redeten. Dann wäre er nicht an jenem Tag im Heck der »Final Approach« gesessen, als Teresa gerade »Schifferl anschauen« ging im Hafen von Gibraltar. Und Teresa wäre nie auf einen Gin Tonic eingeladen worden. Es hätte sich also vieles Schöne nicht ergeben, wäre Paul damals in der Bar geblieben. Auch wäre er dann nicht mit uns nach Griechenland gefahren zu einem Zwei-Wochen-Trip rund um den Peloponnes. Und ich hätte nie gesehen, wie sich ein Mann auf einem Schiff bewegt, der fast fünf Jahre lang auf den Planken zuhause war und selbst bei 35 Knoten Wind irgendwann irgendwo in der Tasmanischen See, wo die Wellen nun wirklich ziemlich haushoch sind, noch Spiegeleier gebraten hat.

Menschen wie Paul haben einen anderen Lebensrhythmus gelernt. Sie können Körper und Geist konditionieren auf die speziellen Anforderungen eines Lebens auf hoher See. Sie können, wenn es nötig ist, in drei Stunden zehn Maß Bier trinken oder zwei Flaschen Wein oder was auch immer. Sie schlafen eine Stunde und sind, wiederum wenn es nötig ist, wieder topfit. Sie können aber auch 30 Stunden am Ruder stehen, ohne einen gravierenden Fehler zu machen. Nur mit ein paar Flaschen Wasser. Und, wenn's hoch kommt, einer ausgedörrten Baguette.

Menschen wie Paul bewegen sich auf dem Schiff, als gäbe es keine Wellen. Sie sind eins mit der Bewegung, die die Elemente dem kleinen Boot aufdrängen, sie tanzen den Jitterbug, wo andere sich mühsam festhalten. Sie können stundenlang stoisch gelassen dasitzen, als meditierten sie (was sie irgendwie sicher auch tun), sie können stundenlang voll konzentriert am Schiff arbeiten, sie können mit dem Gedanken leben, tage- und wochenlang kein Land zu sehen, und das nun auch noch toll finden. Paul liebte vor allem die Nachtwachen. Nicht zuletzt weil er rotblond ist und zu Sonnenbrand neigt. Auf einem Schiff kann man sich das eben aussuchen.

Paul ist das Sidney-Hobart-Race gefahren und das Transpac von Los Angeles nach Hawaii, hat die »Final Approach« beim ARC-Rennen in vierzehn Tagen über den Atlantik geprügelt und so manche edle Rennziege versägt (D. J. und er wurden vierte beim Columbus-Rennen, viertes von 102 Booten). Und als wir im Kanal zwischen Meganisi und Levkas drei Yachten schnappen, da glänzen seine Augen. Natürlich spricht man nicht über solche Dinge. Die sind selbstverständlich.

Apropos »selbstverständlich«. Zwei Ausdrücke hat Paul gelernt auf der Tour mit den »Krauts«: »aschowurscht« und »selbstverständlich«. »Aschowurscht« ist nicht deutsch, sondern bayerisch, heißt in der Schriftsprache »auch schon wurst« und bedeutet, daß es nun ohnehin schon egal sei.

Aschowurscht? Wenige Tage vor dem Start zu dieser September-Tour hatte die Nachrichtenagentur dpa eine Wettermeldung über den Äther geschickt, die da hieß: »... ist morgen mit einem weiteren Wettereinbruch zu rechnen.« Sekunden später folgte die Korrektur: »Bitte ersetzen Sie ›Wettereinbruch‹ durch ›Wintereinbruch‹«. Weil es sich aber ohnehin um den lausigsten September seit Menschengedenken handelte, befand die Münchner Abendzeitung diese Nachricht erstens für meldenswert und zweitens die

Rubrik angebracht: »Aschowurscht«. Es wurde zum Running Gag auf dieser Reise. Was Paul natürlich nicht verborgen blieb. Es dauerte gut zwei Liter offenen griechischen Weines, um die exakte Übersetzung ins Englische zu finden. It's although sositch.

Und »Selbstverständlich«? Das war Ludwigs Standardantwort auf die Frage, ob denn jemand noch ein Bier wolle. Paul wollte auch. Eben.

Und als er dann am Münchner Flughafen von seiner geliebten Teresa abgeholt wurde und die ihn fragte, ob man durch die Stadt fahren solle oder außenrum, kam natürlich ein perfektes »Aschowurscht«, was zu einer Beinahekollision mit dem Nachbarauto geführt hätte. Und spät abends wußte Paul sehr wohl die Antwort auf die Frage, ob man vielleicht noch ein Bier trinken solle. Es besteht die Gefahr, daß der Wortschatz der Insel Hawaii derzeit neu geordnet wird. Aber das ist bei dieser Sprache auch schon egal.

Paul hörte an jenem Abend, als der Barograph abstürzte, die Rufe des freundlichen Nachbarn, der uns warnte. Die »Aeolos« trieb schon in Richtung Felsen. Und bevor nch irgend jemand einen klaren Gedanken fassen konnte, war Paul ans Ruder gesprungen, hatte die Maschine angeworfen und das Schiff aus der Gefahrenzone manövriert. Es gab dann noch ein bißchen Arbeit, bevor wir in die Nacht hinausgefahren sind. Paulchen tat, was er konnte. Und das war ziemlich viel.

He, Paul, es wird Zeit, daß Du wiederkommst. Es gibt hier ein paar Menschen, die Dich vermissen. Sonst kommen wir nach Waikiki. Selbstverständlich!

Jacques und die Freiheit

Auf Bequia traf ich Jacques. Man trifft dort viele wilde, sonnenverbrannte Typen, die meist nur auf den ersten Blick so glücklich und zufrieden wirken, wie man sich das von Menschen vorstellt, die in der Karibik leben. Doch die meisten, die hier in den Grenadinen oder in den Leeward-Islands weiter nördlich hängenbleiben, sind gescheitert bei der Verwirklichung ihres Traumes, die Welt zu umsegeln. Entweder war nach der Atlantiküberquerung das Geld aus oder das Boot kaputt oder der Mensch oder alles zusammen.

Doch Jacques war ein bißchen anders. Natürlich sah er, wie er so an der Frangipani-Bar saß und sein Red Stripe trank, aus wie eine Mischung aus Piratenkapitän und Räuber Hotzenplotz. Doch Jacques strahlte eine seltsame Ruhe aus, so, als habe er bei der Verteilung der menschlichen Eigenschaften bei Zufriedenheit dreimal »hier« gerufen. Und Jacques, er machte den Eindruck, als sei sein sechzigster Geburtstag nicht mehr fern, hatte eine über die Maßen schöne, viel zu junge Frau. Die beiden, das spürte ich, noch bevor ich ihre Hand schütteln durfte, liebten sich so, wie man es sich immer schon für sich selbst gewünscht hätte. Sie hieß Anne.

Ich war in den Tagen, die ich in der Admiralty Bay vor Anker lag, oft mit Jacques zusammen. Vielleicht verband uns die gemeinsame Liebe zu Red Stripe und Mozart. Red

Stripe ist ein in Jamaika gebrautes Bier, das es mit so mancher Marke in Deutschland aufnehmen kann. Und Mozart? Jacques konnte endlos erzählen von Konzerten mit Künstlern wie Géza Anda oder dem großen Karl Böhm, und wie sie Mozart begriffen hätten als genialsten Verführer der Musikgeschichte. Er sprach dann immer von »Damals«.

Jeder erzählte, die Nächte waren lang, und die Reggae-Songs aus den Lautsprechern groovten, daß jeder Gedanke an Schlaf im Keim erstickt wurde. Und irgendwann begann Jacques die Geschichte von einem mit ihm befreundeten Brüderpaar zu erzählen. Eine Geschichte, die immer verworrener wurde, je mehr sich Jacques in ihr verlor.

Jacques sprach von einem Brüderpaar, einem sehr seltsamen, das von einer eigenartigen Zuneigung zueinander geprägt war. Er habe, sagte Jacques, den Jüngeren der beiden gut gekannt. »Vom Segeln her.« Man habe damals das Regatta-Segeln noch nicht so tierisch ernst genommen und auch nach dem Rennen miteinander gefeiert. Und so habe er eben Jean kennengelernt und seinen um vieles jüngeren Bruder François, den sie »James« nannten, weil er aussah wie ein damals berühmter Rockstar aus den Staaten. Und mit James habe er sich ziemlich gut verstanden, obwohl der erst an die zwanzig war und Jacques fast doppelt so alt.

»Das Team Dr. Anuih/Anuih«, so begann Jacques' Geschichte, »hatte zwar keine Chance auf den Sieg, aber das machte den beiden Brüdern nichts aus. Der eine, der mit dem Doktortitel, war 15 Jahre älter als der andere, Gymnasiallehrer von Beruf und Hobbysegler aus Berufung.

Der Jüngere war ein rechter Vagabund und verdiente sich ab und an eine Mark dazu, in dem er irgendwelche Segelschiffe von einem Hafen zum nächsten überführte. Wenn's sein mußte, quer durchs Mittelmeer. Die beiden Brüder konnten verschiedener nicht sein. Jean – die Korrektheit in Person, immer sehr, sehr gut gekleidet und bei seinen Schülern als strenger Meister der Altphilologie eher gefürchtet als geliebt. James dagegen – ein Lebenskünstler mit Salz und Sonne im Haar und Flausen im Kopf. Kurz: Mamas Liebling und Mamas Sorgenkind segelten ein oder zweimal im Jahr gemeinsam Regatta auf einem 470er, einem Boot, das 4,70 Meter lang ist und später, lange nach dieser Geschichte, als olympische Klasse enorm populär werden sollte. Aber das spielt hier keine Rolle. Hauptsache ist: Die beiden Brüder hatten das Gefühl lieben gelernt, im Boot aufeinander angewiesen zu sein. Hier zählte kein Doktortitel und keine Party-Eroberung. Hier zählten Präzision beim Segeln, kluges Taktieren, Kraft und Konzentration. Nicht um zu siegen, nur um so gut zu segeln, daß sie sich nicht blamierten. Vor sich und den anderen. Denn schließlich kannte man sich. Und vor allem das Team Dr. Anuih/Anuih kannte man. Von ihrer Kunst, nach dem Rennen Feste zu feiern.

Es war ungeschriebenes Gesetz auf dem Anuih-Boot, daß nicht gestritten wurde. Auf den kleinen, schnellen Jollen, auch damals schon meist von jungen, ehrgeizigen Menschen gesegelt, war solch ein Gesetz eher die Ausnahme. Der Ältere führte die Pinne und hatte das Sagen, der Jüngere wußte seine Einschätzung der Dinge so einzubringen, daß der Ältere glaubte, er selbst hätte diese oder jene Idee gehabt, wie man der Konkurrenz ein Schnippchen schlagen könnte. Ein ideales Brüderpaar? Aber ja – vor allem, wenn es ums Segeln ging.

Es war ein Abend, wie sie ihn schon oft erlebt hatten nach einer Regatta. Sie waren im ersten Drittel des Feldes gelandet, nicht schlecht, wenn man bedenkt, daß der letztjährige Landesmeister nur drei Schiffe vor ihnen lag. Grund genug jedenfalls, wieder einmal ein kleines Fest an Bord zu feiern. Was bedeutete, daß eine Kiste Rosé besorgt wurde und Baguette und Käse und Trauben. Und wie immer kamen ein paar von den anderen Crews dazu, um ein bißchen mitzufeiern mit den Anuihs, wie man das ja schon kannte. Daß ganz besonders jene Mannschaften willkommen waren, die um den Frauenpokal segelten, versteht sich von selbst. Es verstand sich vor allem für James, den Hallodri. Sein Bruder sollte sich um diese Gäste weniger kümmern, schließlich war der, ganz den Regeln und Konventionen gerecht, verheiratet mit einer eleganten Frau und Vater von zwei kleinen Kindern, die, das nur nebenbei, Onkel James abgöttisch liebten und umgekehrt.

An diesem Abend schüttete Jean seinem »Brüderchen«, wie er ihn gerne nannte, noch ein Glas Rosé ein, nahm ihn dann beiseite und sagte, er habe ihm was zu sagen. James hörte einen Ton in diesen Worten, den er von seinem Bruder nicht kannte. Einen Ton, der ihm angst machte, obwohl Jean lächelte. Aber auch dieses Lächeln war nicht so wie sonst. »Raus mit der Sprache!« Jean nahm einen großen Schluck und sagte leise, ganz leise, so daß James ihn kaum verstehen konnte: »Ich gehe nicht mehr nach Hause. Ich fliege in zwei Stunden und kehre nie mehr zurück.« Die Wanten der Boote in dem kleinen Hafen klapperten, der Wind nutzte sie als Äols-Harfe.

James überspielte den Schock, machte auf witzig, so in der Art: »Midlife Crisis, jaja. Hat jeder. Jetzt trinken wir noch einen, und dann ist die Welt wieder in Ordnung.« Doch sein Bruder drehte das Glas um. »Du bist der einzige, dem ich es vorher sage. Niemand weiß etwas davon. Ich gehe weg. Bitte stell jetzt keine Fragen. Und bitte, ruf jetzt niemanden an. Paß nur bitte auf die Kinder auf. Und sag Véronique, sie bekommt morgen einen Brief.« Dann ging Jean, ohne sich weiter zu verabschieden, zu seinem Peugeot, der neben James' Ente parkte, und fuhr davon.

Rund ums Boot wurde kräftig gefeiert, die Mädchen lachten, jeder erzählte von noch höheren Wellen und noch mehr Wind. James hörte das wie aus weiter Ferne, als sei eine Wand zwischen ihm und den Menschen. Und er beschloß, seinem Bruder einen letzten Gefallen zu tun und niemand anzurufen. Obwohl er ahnte, daß Véronique und die Kinder ihm das nie verzeihen würden.

Sie fanden Jean nie wieder. Véronique hatte einen Brief bekommen, in dem Jean nur die Adresse eines Anwalts mitteilte, der alles regeln sollte. Seine Familie hatte genügend Kontakte zu den wichtigen Leuten in der Stadt, so daß die Zeitung des Ortes ein paar Tage später nur eine kleine Vermißtenmeldung brachte. Direkt neben der Geschichte vom Verschwinden der 14jährigen Jaqueline S., die sich auf den Weg zur Schule gemacht hatte, dort aber nie angekommen war. »Ein Gewaltverbrechen sei nicht auszuschließen«, ließ die Polizei verlauten und gab den Redakteuren ein kleines Paßfoto mit der Bitte um Veröffentlichung. Ein sehr, sehr schönes Kind. Doch Jacqueline blieb verschwunden. Bis heute.

Jacques trank sein Bier aus und bestellte noch ein Glas Rum. »Zum Abschied«, sagte er. Ich mußte am nächsten Tag auslaufen, rauf nach Norden, um in St. Vincent ein paar Freunde einzuladen. Wir tranken natürlich mehr als ein Glas von diesem wunderbar weichen karibischen Rum, der die Kehle hinunterfließt wie Öl und den Magen salbt. Dann gab mir Jacques die Hand. Drüben, neben dem Hotel, winkte Anne, seine Frau. Ich wollte ihn noch fragen, wo diese Geschichte sich zugetragen hat. In welcher Stadt. An welchem See. »Where did it take place, Jacques? Where in France?« Doch Jacques hörte mich nicht mehr.

Vielleicht war der Reggae zu laut.

Vielleicht hieß Anne gar nicht Anne? Blödsinn. Verdammter Rum.